子どもが危ない！

スマホ社会の落とし穴

清川 輝基
内海 裕美 共著

はじめに

「ネット縁」社会の闇　～見せかけだけのつながり～

古来から私たちは、家族や親族といった「血縁」、同じ地域に住む「地縁」といった身近な人間関係の中で暮らしてきました。近代社会でも、同じ学校、同じ会社、同じサークルなど、顔が見えて声を交わす人間関係が他者との関わりの基本でした。

しかし、高度経済成長期以降、産業構造の変化の中で人口流動が激しくなり、さらに、核家族化の進行で「地縁」「血縁」といった古典的人間関係が希薄になっていきました。そして本来最も濃密な人間関係のはずの家族も〝ホテル家族〟といわれるように、それぞれが個室で過ごしています。

乾いた砂粒のように一人ひとりがバラバラに生きている現代社会。そこに登場したのがスマホやタブレットでした。根源的に他者とのつながりを求め、他者によってしか人間としての存在を自覚できない生物である人間にとって、スマホは再び人と人をつなぎ直す格好の手段となったのです。乾いた砂に水が沁み透るようにスマホは広がり、人々はぬくもりを求めて「ネット縁」でつながることになりました。

LINE（ライン）で、Facebook（フェイスブック）で、Twitter（ツィッター）で、人々は世界中の膨大な人々とつながります。しかし、こうした「ネット縁」にはぬくもりや息づかいはありません。それは、これまで私たちが経験してきた「血縁」や「地縁」「学校縁」「社縁」などとは全く異質の、手触り感の全くない「縁」なのです。さらにいえば、「ネット縁」の向こうには、死にたいとつぶやいた自殺願望のある若者がSNSでつながって9人が命を落とすこととなった座間市の事件（2017・神奈川）のように危険極まりない闇が広がっています。私たちのまわりから、従来型の人のつながりが薄れて「ネット縁」だけが広がるとしたら……、未来は寒々とした風景に見えてきます。無縁社会です。

人間社会の退行が……

今、スマホやタブレットの普及は、子どもたちの言語能力の獲得や維持にも大きな変化をもたらし始めています。

パスカルが「人間は考える葦（あし）である」と喝破したように、人類はまさに考えることによって進化してきました。そして「考える」という行為は、言語操作そのものです。人間は、言葉を使って「考え」てきました。そして、私たち人類は「言葉の力」によって血縁、地縁を超えて遠くの他者とつながり、言語操作による他者との対話と思考を繰り返しながら、サル社会にも類人猿社会にもなかった複雑な社会システムを創り出し、維持発展させてきました。

子どもたちの、その「言葉の力」は、言語形成期といわれる乳幼児期に両親や祖父母、兄姉などの身近な人間の語りかけによって獲得される能力です。その語りかけの言葉は無機質な「音」ではなく、語り手のにおい、ぬくもり、手触り、そして顔や目の表情の伴った「言葉」なのです。進化の過程で人間の目は、眼球の上下左右の動きが、対面する相手にはっきりわかるように眼球の白い部分が大きく広がってきたといわれます。白眼（しろめ）の力もあって「目は口ほどに物を言う」ことが加わると、対面のコミュニケーションの力はより高度に、複雑で豊かなものになっていきます。その豊かさの中で「言葉の力」も高度で複雑なものに育っていました。

ここ10年、スマホやタブレットが乳幼児期から与えられるようになり、母親のスマホ漬けも進行しています。言語形成期における対面の、音声言語によるコミュニケーションの機会は劇的に減少してしまいました。「言葉の力」の衰弱が始まっているのです。

今、乳幼児から小中学生、高校生や大学生と若い世代が取り憑かれたかのようにハマっているスマホやタブレット。その平面画面の文字と記号、映像のコミュニケーションは、人類が何十万年もかけて築きあげてきた温もりと思いやりのある社会システムを静かに土台から掘り崩し始めています。

7人に1人の衝撃……

そんなスマホ社会は、次の社会を担う子どもたちを育てている親の「子育て」にどんな影響を及ぼしているのでしょうか。そして、その子どもたちの「育ち」にはどんな変化が現れ始めているのでしょうか。

２０１８年８月、厚生労働省研究班は病的なインターネット依存が疑われる中高生が７人に１人、93万人にも上るという衝撃的な調査結果を公表しました。５年前の調査からほぼ倍増していたのです。こうしたネット依存に加えて、子どもたちの視力悪化、学力低下など、発達への多面的な悪影響がスマホ社会の副作用として、ますます無視できないものになっています。

本書では、これまで類書ではほとんど取り上げられることのなかった、スマホ社会の子どもの発達に焦点を当て、からだ、心、脳、言葉など、子どもの多面的な育ちとスマホ社会との関わりを多角的に考察することとします。ネット社会を生きる子どもたちや、子育て中の方、そして子どもに関わる仕事に従事している方々にとって、多少でも役立つものになることを心から願っています。

清川 輝基
内海 裕美

もくじ

第1章

スマホが世界を変え始めた！

第1章

スマホが世界を変え始めた！

人類の歴史の中で、ひとつの道具や発明の成果が、これほど短期間に地球上すべての地域に広がり、人間の暮らしや人間そのものの生育まで大きく変えてしまったことがあったでしょうか。

スマートフォン（以下スマホ）が発売されてわずか10年。スマホの爆発的広がり、〝スマホパンデミック〟の勢いは凄まじく、先進国はもちろん開発途上国、紛争地まで地球上すべての場所で、高齢者から乳幼児まであらゆる世代がスマホを手に日々生活する「スマホ社会」が出現しました。

インターネットにつながるスマホ普及の初期、情報入手や情報発信手段の大衆化は、真の平等が実現する革命的出来事として肯定的に評価されました。人々は、誰からも制約を受けることなく、自由に情報を受け取り、自由に世界中に発信することが可能になったのです。

しかしその「スマホ社会」は今、私たち人間の生活を大きく変え、生物としての人間の育ちにも、かつてなかった変化がみられるようになっています。

1 発達期の子どもが危ない！
～人間になれない子どもたち～

人間としての様々な能力や機能を獲得したり伸ばしたりしていかなければならない子ども期に、スマホへの早期からの長時間接触が続くと、子どもの育ちに何が起こるのか。〝現代のアヘン〟ともいわれるスマホ漬けが引き起こす様々な現象を、具体的にみていくことにします。

外遊びの減少がもたらすもの

一九五三年のテレビの登場以来、テレビゲーム、ビデオ、パソコンと新しい電子映像機器が増えるたびに、まず減少したのが子どもたちの外遊びの時間でした。そして、ケータイが登場し、スマホ、タブレットが乳幼児も含めた、あらゆる年齢層の子どもたちの手に渡るようになって、外遊びの減少は一段と加速しています。決して大袈裟ではなく、現在の子どもたちは、人類誕生以来幼少期の外遊びが最も少ない世代となっているのです。

その結果、子どもが〝人間になる〟うえで最も基本的な能力や機能に遅れや歪みが現れ始めています。

「足」が育たない

高齢化社会になって、80～90歳まで自分の足で立ち、自分の足で歩けることは、これまで以上に重要なことになりました。そして、その「足」が育つのには、幼少期から小学校中学年くらいまでの時期にしっかり歩くことが絶対に必要なことはいうまでもありません。歩かない限り「足」は絶対に育たないのです。

これまでも、子どもたちが室内で過ごすメディア接触時間が増えると外遊びが減り、1日の歩行歩数が激減して「足」の発達に異変が起きていることは、日本体力医学会などで指摘されていました。しかし、乳幼児期からスマホアプリを与えられ、その後もYouTube、LINEなどの〝スマホ漬け〟が始まった今、歩行歩数はさらに減少しています。5歳児では50年前の3分の1の5000歩ほどで、小学生でも1万歩歩く子どもは珍しくなっています。

人類は、直立二足歩行によって大きく進化したといわれます。その肝心の「足」の発達が、危機的状況に陥り始めているのです。転んでも手が出ずに顔を打ってしまうけがの増加や、足の〝浮き指〟が週刊誌で話題になる、といった状況は、子どもたちの「足」の発達の異変が始まっていることを示す現象ですし、整形外科医からの「ロコモティブシンドロームが子どもたちにも見られる」という指摘も、子どもの「足」の発達の異変を捉えたものでしょう。

わが国が、超高齢化社会に向かおうとしている今、転倒しての骨折、車いす生活などの社会的リスクを出来る限り減らすという意味でも、子どもたちの「足」を育てる場所と時間をどう確保するかは、重要な課題ではないでしょうか。

変化してきた子どもたちの遊び

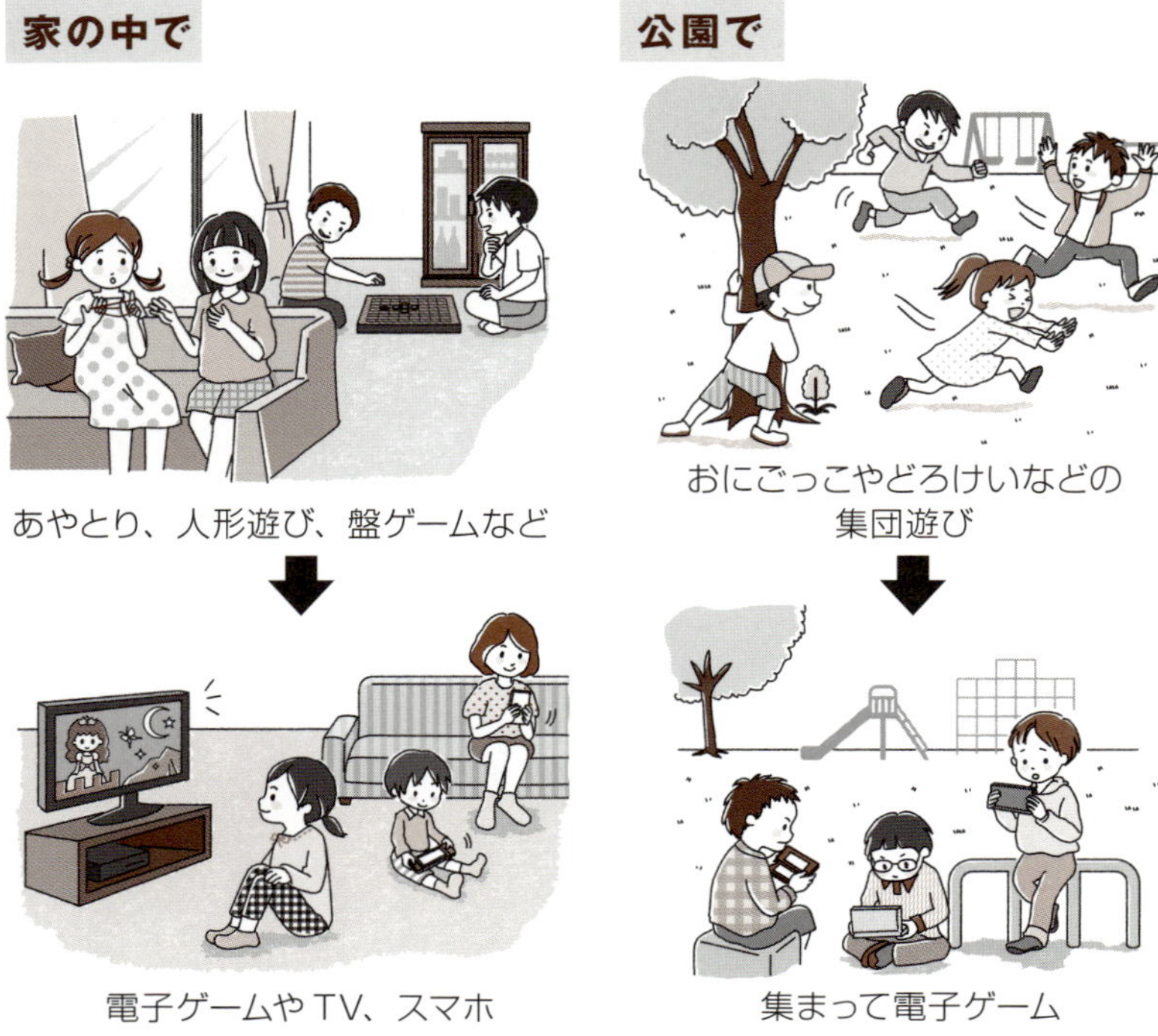

「目」はガタガタ

人間は、生きていく上での情報の8割を「目」から取り入れるといわれます。子どもたちの、その「目」が今、危機的状況となっているのです。

文部科学省の「2016年度学校保健統計調査」で子どもたちの視力は、小中高全てで史上最悪となっていることが明らかになりました。テレビが全国的に普及した直後の1970年代前半から日本の子どもたちの急激な視力悪化が始まり、テレビゲーム、パソコン、ケータイ、スマホと電子映像メディアの広がりとともに深刻な事態となっています。

子どもの「目」の働きは、視力を含めて生まれてすぐから発達が始まり、小学校入学前後には大人並みのレベルに達するといわれます。つまり、乳幼児期から学童期にどんな環境に置かれたかで、「目」の発達は大きく影響を受けるのです。そしてこの時期の外遊びこそが、子どもたちの「目」の発達にとっては何ものにも代え難い豊かな条件を備えていたのです。

まず、子どもの「目」の発達には、一日最低2時間、屋外で陽の光を浴びることが不可欠だということが最近の眼科学会では定説となっています。そして眼球を左右に動かす筋肉も、遠くや近くに焦点を調整するための筋肉も、乳幼児期からの外遊びの中で、動く鳥やトンボや蝶を目で追いかけたり、足元のアリを見つめたり、といった体験を重ねる中で育っていました。

スマホやタブレット、ゲーム機などは、そうした「目」を育てる豊かな環境から子どもたちを遠ざけてしまうことになったのです。

しかも、LEDのブルーライトを含む小さな平面画面を至近距離で長時間見つめることで、左右の視力差が大きくなって立体視に問題が生じたり、網膜の黄斑が変性して失明のリスクが高まることさえ心配されています。何もわからない乳幼児にスマホやゲーム機を与えることは、発達を妨害するだけではなく、不可逆的な障害をつくり出す加害行為という意味で〝新たな虐待〟という指摘まで出ているのです。

眼鏡をかける子が増えた小学校の教室

50年前の1960年代、東京都の高校1年生の裸眼視力1・0未満の子どもの割合は2割台でした。しかし、テレビゲームの普及がほぼ完了した1988年には5割を超え、パソコンやケータイの普及が進んだ2007年には7割に達しました。そしてスマホが広がり始めた2012年には、8割を超える高校生が裸眼視力1・0未満となっています。

乳幼児期からスマホ・タブレットを与えられた子どもたちが高校生になる頃、「目」の劣化はどこまで進行するのでしょうか。〝スマホ老眼〟などの軽い表現の裏にひそむ劣化の現実を深刻に捉える必要があるのです。

裸眼視力 1.0 未満の年次推移

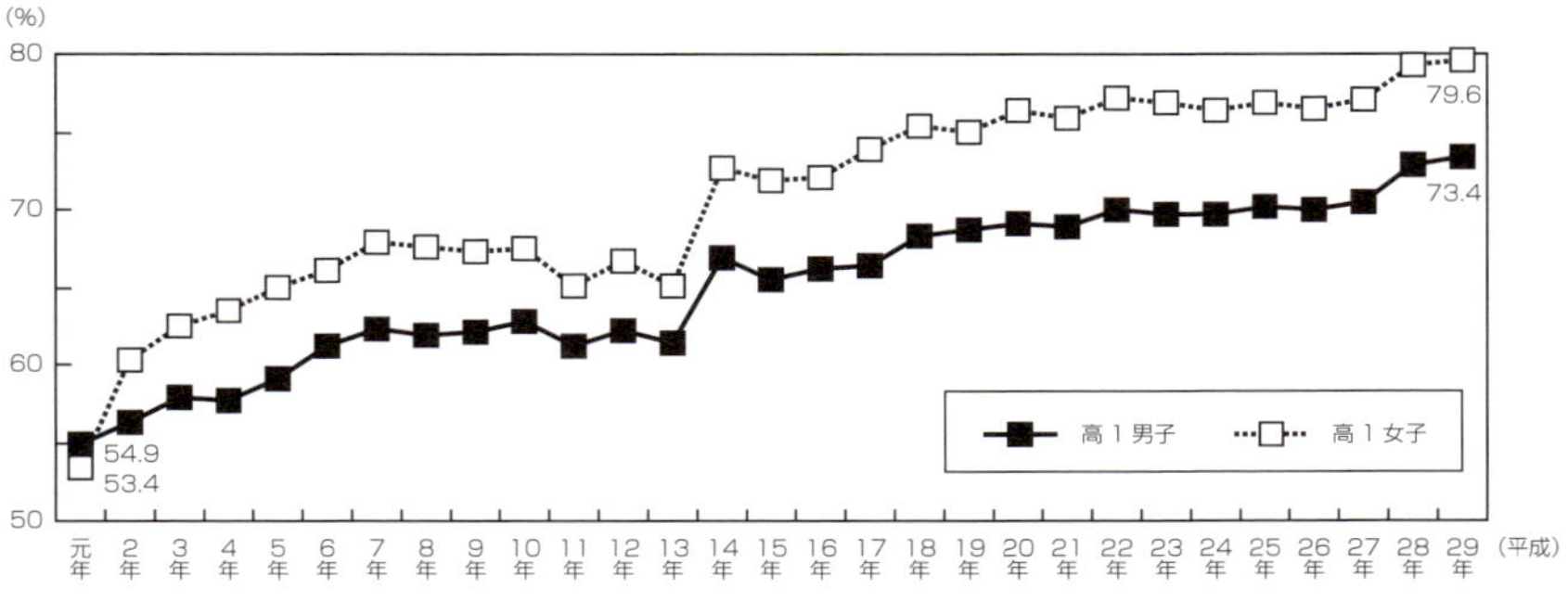

出典：「平成 29 年度 東京都の学校保健統計書 定期健康診断疾病異常調査」東京都教育委員会

体幹を含む筋肉や身体操作能力のレベル低下

人間のからだを支えたり、足や腕、手指を動かしたりする筋肉の力は、子ども期にその筋肉を使うことで発達していきます。そして、その筋肉が脳と連携して複雑微妙な動きを可能にする身体操作能力や筋肉感覚と呼ばれる能力も、筋肉を使う中で身についていっていました。

外遊びが激減した今、子どもが渾身の力をふりしぼる機会など、ほとんどなくなりました。木によじ登る、重い物を運ぶ、穴を掘る、小川を飛び越えるなどの光景は、子どもの世界からほとんど消えてしまいました。泥をこねる、木や竹を削る、葉っぱを千切る、草を編むなどの微妙で繊細な手や指の動きが求められる遊びも、子どもたちの世界から消え始めています。

かつて子どもたちは、こうした野山や原っぱ、川などでの外遊びに加えて、家の手伝いなどの場面でも、からだを使う機会がありました。しかし、産業構造の変化の中で、家族や家庭は生産の単位から消費の単位となって、子どもたちがからだを使う家の手伝いも激減してしまいました。

電子映像メディアの氾濫と産業構造の変化は、子どもたちのからだの発達に大きな影響を与えています。子どものの体力・運動能力調査でも、背筋力や走り幅跳びといった体幹の力や高度な身体操作能力を見る項目は、1964年の調査開始以来低下が続き、21世紀には調べることとさえしなくなっています。日本の子どもたちの体力・運動能力は、テレビゲームが売り出された2年後の1985年がピークでした。

乳幼児期からスマホやタブレットを与えられて、ますます外遊びが減少している今、筋肉や身体操作能力のレベル低下が一段と進行するのは確実でしょう。

五感が育たない！

視覚、聴覚、味覚、触覚、嗅覚という人間の五感の中で、視覚については前述しました。

聴覚については、若い時期に大音量の音楽をイヤホンで聴き続けると、後年に突発性難聴のリスクが高まることが耳鼻咽喉科の医師からは指摘されています。ここでは乳幼児期からのスマホ、タブレット、ゲーム機への長時間接触が触覚、嗅覚の発達に与える影響について考えてみましょう。

親子の愛着形成に肌触りや匂いが大きな役割を果たすことはいうまでもありません。子どもたちは、授乳や親に抱かれての読み聞かせの際の肌触りや匂いを基点に世界を広げ、触覚や嗅覚を育てていっていました。とりわけ外遊びの世界で空気の流れ、木や葉っぱや土や石、水の感触や多様な匂いを体験しながら、触覚や嗅覚は鋭く豊かに育ちます。その結果、視覚の助けを借りなくても手触り、肌触りでモノやヒトを認知したり、味覚や視覚に頼らずに、嗅覚で腐敗や火災を察知したりといった高度なレベルまで発達していました。

しかし、これからはどうでしょうか。室内でのスマホ、タブレット、ゲーム機で高度な触覚、嗅覚が育つことは絶望的といっていいでしょう。人類が何万年にもわたって育て引き継いできた「五感」という素晴らしい能力、その一角が今崩れようとしています。

五感が育つのはどっち？

スマホ・タブレット遊び

外遊び

「強度近視」は失明の原因に！

現在、アジア全域で近視人口が増加しています。過去60年の増加率は、香港で8倍、韓国で4倍、台湾で4倍というデータがあります。

日本でも近視の人口は増え続けていて子どもたちも例外ではありません（13ページ参照）。

近視は大人になっても進行し、失明や視力障害を起こす強度近視になる人が増えています。後天的に失明に至る原因として、日本では、5番目の理由が強度近視です。中国では失明の原因の第1位が強度近視になり、国をあげて対策に乗り出しています。日本のある有名私立中学では生徒のほとんどが近視で、3年生の25%がすでに強度近視になっているという恐るべきデータもあります。〝今、メガネをかけて見えるからいい〟では済まされない事態になっているのです。

近視進行を食い止めるために有効なことは、昼間の光を外で浴びることです。一日2時間、1週間で14時間以上が必要です。日陰でもいいので外で過ごす時間を増やしましょう。

2 子どもの学びが痩せ細る！

近年、英語圏では、スマホやタブレットを見たり、返信したりして目の前の人を無視する行為を指す「ファビング」という新語が広まり、辞書にも載せられたといいます。

横綱日馬富士の殴打事件（2017）は、目の前の誰かよりスマホを重んじる「ファビング」が、洋の東西を問わずに、世界的な風潮となっていることを示した出来事となりました。

そして、スマホやタブレットへの接触時間が増大すると、それに反比例して子どもや若者はもちろん大人も含めて、人々の読書に費やす時間は減っていきます。言葉の力が育っていないこともあって、本どころか新聞も読まなくなり、次第に様々な情報入手はネットのみという生活になってしまいます。LINE、Twitter の短文のやりとり、真偽も定かではないSNSの情報が生活の羅針盤となり、人々は自分に都合の良い、そして心地良い情報ばかりに接触することになってしまいます。

そこに待っているのが情報入手の偏り、「情報の偏食」という落とし穴です。子ども・若者が、いや大人たちも含めて、人々が自分に都合の良い、そして心地良い情報ばかりを「偏食」し始めると世の中はどうなるのでしょうか？

権力を持つ者や商業資本にとって、これほど情報操作のしやすい状況はないでしょう。

これまで、スマホ社会の深化に伴って人間の社会に発生する「劣化」のいくつかの側面を指摘してきましたが、それに加えてこの「情報の偏食」という現象が広がると、そのまま「人間社会」の本格的な「劣化」につながりかねないリスクがあるのです。

基礎的人間形成の危機

人間という生物は、幼少期にその後の生涯に必要な様々な能力の基礎的な部分を獲得していくことが大事だといわれてきました。そのためには、親や兄弟姉妹以外の多様な人々との出会いや交流、共同作業は不可欠な体験です。子どもたちは、そうした多様な他者との出会いの中で、人間同士のつながりや他者との向き合い方、そして共感といった将来の社会生活で必要な知恵や方法論を身につけていました。ヒトは豊かな体験・経験を持つ他者との出会いの中で、様々なことを学び大きく育っていたのです。

しかし、乳幼児期から中高生にいたるスマホ、タブレット、ゲーム機などへの膨大な接触時間は、子どもたちの人格形成や社会性を育んできた多様なナマ身の人間との出会いや触れ合いの時間を確実に奪っています。スマホやゲーム機などのバーチャルな電子画面からは、人間の息づかいや温もりはもちろん、ためらいや戸惑いといった微妙な感情の揺れを感じとることは非常に難しく、〝豊かな人間性を育む〟といった子育ての目標は、絵に描いた餅となり始めています。

さらに、前述した外遊びの減少を含む子ども期の現実体験の不足も、からだの諸機能の発達だけではなく、モノの性質の認識や地球環境、自然現象への認識を深める上で憂慮すべき状況となっています。

土や石、水や草木の感触、風や雨、日の出や夕焼けの体験、カエルやトンボ、ヘビなどの生き物の存在感……、こうしたモノや出来事を実際に見たり聞いたり触ったり体験しているか否かは、その子の人生観や世界観に大きな影響を及ぼすことは確実です。子どもたちはこうした現実体験の中で、自然科学の世界への興味が芽生えたり、感動を絵や詩や音楽で表現する芸術の世界への関心を持ち始めたりしていました。

スマホやタブレットの画面をひたすら指で撫で触るだけのバーチャル体験には、こうした豊かな人間形成など望むべくもないのです。

情報の偏食が子どもを蝕む

スマホやタブレット、ゲーム機との接触時間が増える一方で、子どもたちの生活から消え始めているのは外遊びだけではありません。活字の本を読む読書の時間や新聞を読む時間も劇的に減少しているのです。

これまでも国際調査で、日本の子どもの電子メディア接触時間は先進国で最も長く、1か月に読む本は最も少ないということはよく知られていました。それがスマホの普及で、活字の本ばかりか、新聞も読まない高校生、大学生が多数になり始めています。

江戸時代以来わが国の心ある子ども・若者たちは、数多くの書物に親しみ、総合的な知識を得ながら沈思黙考して「教養」と呼ばれるものに昇華させてきました。

しかし、今、子ども・若者たちの多くが、書物や新聞はもちろんテレビからも離れ始めて、情報入手はもっぱらネットのみという「情報入手の単線化」が進行しています。様々な情報が一目で見られる新聞の〝一覧性〟、ニュースから、ドラマ・音楽など多様なテレビの〝総合性〟とは全く異質のネット情報は、まさに情報の断片でしかなく、深い思索につながる総合的知識とは全く無縁のものといえましょう。

さらに、ネット情報への単線化はそれ自体が「情報入手の偏食」で、子どもの思考や発想を歪める危険性が高いのですが、そこにはもうひとつの落とし穴が隠れています。スマホやタブレットで情報を求める場合、子どもや若者は、自分にとって〝美味しい〟情報、都合のいい情報だけを「偏食」しがちであるという落とし穴です。

こうした「二重の偏食」は、子ども・若者の社会や政治への眼差しを歪ませたり曇らせたりしている危険性を孕んでいるのです。

脳の劣化が始まった

「テレビを長時間見たりゲームを長時間やったりしている子どもほど成績が悪い」

「成績が学年でトップクラスだったのにゲームにはまって成績が急降下、学年でも下の方に」

ここ20年、全国の学校現場では、こんな話はよくある話として常識のように語られていました。ただその原因については、多くの人が勉強時間が減るからだろう、くらいに軽く考えていました。ところが、最近、東北大学加齢医学研究所の脳科学者 川島隆太教授らの研究で、驚くべき事実が明らかになったのです。

近年子どもたちにスマホが急速に普及し、LINE、YouTube、そして各種ゲームといったアプリや動画サイトの小中高校生の使用時間はますます増加しています。そこで川島教授らは、仙台市内の小中高校生約7万人を対象に2013年からスマホの使用時間、自宅での勉強時間、睡眠時間、学力調査の成績を調査分析する研究を続けています。その研究結果を簡単に紹介しておきましょう。

「スマホを使うと、記憶、学習、行動制御、予測などの人間ならではの脳の働きを司どる前頭前野の血流量が下がる」

「睡眠時間、自宅の勉強時間に関係なく、スマホを1時間以上使ったら、使えば使うほど成績は下がる」

「何もしないで無駄に過ごすよりもスマホを使う時間は脳にとって有害である」

そして2016年には、スマホやゲームに長時間接触する子どもの脳に不可逆的な変化が起きていることを示唆する研究結果も発表されました。川島教授は「スマホは20歳までは与えないほうがいい」とまで話しているのです。

ところが実態はどうでしょうか。今や乳幼児の親のほとんどがスマホを持ち、子どもをあやしたり、しつけたり、退屈しのぎにスマホやタブレットを与えたりしています。2018年2月に宮崎で開かれた研究集会で発表されたデータ（※n＝2658 0〜6歳）では、3歳児の35％、1歳児の22％、0歳でも13％の子どもが休日に5時間以上

※n＝回答者数

スマホ・タブレット、テレビなどの電子メディアに接触していることが明らかになりました。モンテッソーリ教育では「敏感期」といわれ、脳科学でも「臨界期」といわれる人間の発達の大事な時期に、有害性が明らかになっているスマホやタブレットに長時間さらされて育つ子どもたちは一体どんな生き物に育つのでしょうか。

学校が機能しない

「日本の子どもの疲労感が最も強いのは、月曜日の午前中である」という話はよく知られています。土曜、日曜の休日に長時間のゲームやネットサーフィンで睡眠不足になって、目は真っ赤、朝からあくびで勉強どころではないというのです。

子どもたちのケータイがガラケーからスマホに変わって就寝時刻は遅くなっています。

NPO子どもとメディアと福岡市教育委員会の共同調査では、中学生で午前1時以降に寝ると答えた割合は、2010年スマホ所持率1％だった時点では9％でしたが、3年後にスマホ所持率が34・5％となると、午前1時以降に寝る子が15％と急上昇したのです。

深夜まで、ネット漬けが進むと明け方までスマホを触り続ける生活が翌日の学校生活に影響するのは当然です。次第に登校できなくなり不登校へとつながります。2016年に小中学校の不登校は13万3千人を超え、史上最多レベルとなりました。

学校教育から完全にドロップアウトする不登校に比べれば、目を真っ赤にしてあくびたらたらでも、学校に来る子どもはまだましかもしれません。しかし、そうした子どもたちの脳の活動水準は、とても授業についていける状態になっていないのは明白です。

いずれにしても、日本の学校教育は、野放しにされたスマホによって危機的状態に陥っているといえるでしょう。

スマホを持ってる中学生が
午前1時以降に寝ると答えた割合

	2010年	2013年
スマホ所持率	1%	34.5%
午前1時以降に寝る割合	9%	15%

出典：平成25年度「小・中学生のメディアに関する意識と生活」アンケート調査実施報告
福岡市教育委員会・NPO法人子どもとメディア

3 親のスマホ中毒がもたらすもの

スマホやタブレット端末は、乳幼児の親たちにも急速に普及してきました。筆者らの調査でも、2013年10月には所持率63％（東京、長野、宮崎 n＝1083）だったのが、2017年2月には94％（秋田、群馬、千葉、東京、長野、福岡、宮崎 n＝880）となっています。加えて、親のスマホ・タブレット使用も長時間化が進んでいます。スマホに夢中で、子どもを見つめたり、抱きしめたり語りかけたりすることが第3章で紹介するように、極端に減少していっていることがうかがえます。親のスマホ中毒が乳幼児期からの子どもの育ちに「新しい虐待」ともいうべき重大な影響を及ぼし始めているのです。

子どもが危険にさらされる！

日本では、5歳以下の子どもの死亡原因のトップは不慮の事故です。そして2歳以下の場合は、家庭内での事故が死亡原因のトップです。子育て中の親たち、特に乳幼児の親たちにスマホが急速に普及して、まず目立ち始めたのがスマホに夢中で子どもから目を離すという現象です。母親がスマホに夢中になっている間に、赤ちゃんがベッドから落ちた、トンデモない物を飲み込んで窒息しそうになった、などの事故も起きました。

外国では、赤ちゃんをお風呂に入れている最中にスマホに着信があり、一瞬（のつもりで）その場を離れた間に赤ちゃんが溺死してしまうという痛ましい事故も起きています。

街中では、ベビーカーを押しながらスマホを見ている親の姿をよく見かけます。ベビーカーの赤ちゃんの高さは、歩行者の手や荷物の位置に近く、歩きタバコの火が顔に触れて火傷したり、荷物の先端が顔に当たったりするなど危険がいっぱいなのに、親はスマホに夢中で赤ちゃんのことなど完全に意識の外になっているケースもあります。

公園や河原で親子で遊んでいる場面でも、スマホの登場で子どもたちへの見守り意識が瞬間的に、場合によっては相当長時間にわたって親の頭から消滅してしまうことが起こっています。川で溺れかけている子どもに気付くのが遅れたり、大けがをして子どもが泣き叫んでいる声でようやくスマホから目を離したり……。親たちのスマホ中毒は、まず子どもたちを危険にさらすという側面があることを強調しておきます。

ママのスマホになりたい

シンガポールの小学生が書いた「ママのスマホになり

たい」というタイトルの作文が世界中の話題になったのは2016年でした。スマホに夢中で自分をかまってくれないパパとママへの気持ちを率直に表現した作文が、世界中の共感を呼んだのです。

ベビーカーやベビーベッドで赤ちゃんがむずかったり泣いたりしても、そ知らぬ顔でスマホを触り続けるママ、電車の中や待合室で「ねえ、ねえ」と子どもが話しかけても返事もせずに、あるいは、「うるさいわねぇ」とスマホに夢中のママ……、こんな光景はわが国でも当たり前になりました。

子どもたちの切実な要求や訴えを無視し続けるこうした行為は、「育児放棄」の一種と捉える必要があるのでしょう。子どもの愛着形成を阻害するばかりか、他者への信頼関係の構築にも障害となることが予想されます。人格形成の大事な時期に頼りにしたいママやパパから無視される体験の積み重ねは、子どもの人間形成に大きなキズとなって残ることでしょう。

これは「新しい虐待」です。

これまでも、日本の子ども・若者は世界で最も孤独を訴える比率が高く、自己肯定感は最も低いことが各種の国際調査で明らかになっています。日本のママ、パパのスマホ中毒がこうした傾向をより一段と加速することにならなければいいのですが……。

言葉が育たない

親のスマホ中毒がもたらす「新しい虐待」のもうひとつの側面は、子どもに言葉の発達の遅滞をもたらしてしまうということです。人間という生物が社会的に生きるために、そして人間社会を構成していくために、言葉の力が極めて重要なのは先述した通りです。

その言葉の力は、言語形成期といわれる乳幼児期に周囲からの語りかけ、話しかけによって母国語に対応する言語中枢神経が発達していくことで向上するといわれています。つまり、人間の赤ちゃんは、ママやパパからの語りかけ、話しかけがなければ「言葉」を獲得することは絶対的に不可能なのです。そのママやパパが黙々とスマホを操り、わが子への語りかけを極めて短時間にしてしまったら……。これも、虐待以外のなにものでもないのです。

今、小学校での校内暴力が激増しています。言葉の力が育っていない子どもたちは、自分の感情や思いを言葉ではなく暴力で〝表現〟し始めているのです。そして、言葉を使って他者と交わることの不得手な子どもたちは、ますますゲームやネットの世界に逃げ込んでいくという悪循環に陥ってしまうのです。

学校の保健室で、病院の診察室で、子どもたちが「自分のからだのどこがどうなのかを自分の言葉で表現できなくなっている」ということが指摘され始めたのは20世紀の終わりでした。

親のスマホ中毒に加えて乳幼児期からスマホ・タブレット・ゲーム機を与えられて〝言葉が育つ〟機会を奪われている現代の子どもたちは、おなかのどこが、頭のどの辺が、どんなふうに痛むのか、苦しいのか、ちゃんと表現できるのか危うい状態がますます進行しているのです。

スマホに子守りをさせないで！

乳幼児向けのアプリや動画の普及で、乳幼児が直にスマホやタブレットを使う、見る、勝手に操作する姿を見ることが多くなりました。自分が触ることで、画面がすぐに反応するため、赤ちゃんでも夢中になります。取り上げると泣き叫び、暴れる乳幼児も現れました。

こういったメディア接触の長時間化と低年齢化が加速している状況が見過ごせなくなり、2013年、日本小児科医会は、啓発ポスターやリーフレットを作成しました。乳幼児期には、アイコンタクトや、要求に適切に応答的に関わる、危険から身を守ってくれる、からだと心の発達に必要な環境を整えてくれる養育者の存在が欠かせません。スマホではこうした関わりはできないのです（このポスターは日本小児科医会HPよりダウンロードできます）。

日本小児科医会　http://www.jpa-web.org

4　バーチャル先行がもたらすもの
～若者の自殺・世界最多、不登校率史上最多～

わが国では、35歳以下の若者・子どもの死亡原因のトップは自殺です。そんな国は世界中で日本だけです。そして、その世代の自殺率もまた世界で最も高い水準となっています。

日本の自殺者数は最も多かった3万4千人台と比べると大きく減少し、2017年には2万1千人台になりました。しかし、19歳以下の未成年の自殺は逆に増加し、20代の自殺者もほぼ横ばいとなっています。つまり、中高年の自殺は激減したのに、若者・子どもの自殺は増加傾向となっているのです。そして、小学校・中学校の不登校の数も、児童生徒の数自体は減っている中で2017年には13万3000人を超えています。

こうした自殺や不登校の状況は、日本の子どもや若者の心にこれまでになかった何らかの異変が起きていることを示すサインなのではないでしょうか。そうした異変をうかがわせる国際調査のデータを、いくつか紹介してみましょう。

まず、2007年にユニセフが実施した、世界24か国の15歳児を対象にした意識調査の結果です。「自分が孤独である」と感じている子どもが日本は29・8％でとび抜けて多く1位。2位アイスランド10・3％の3倍、24位オランダ2・9％の10倍となっています。そして「自分は世の中の厄介者、場違いな存在だ」と感じている子も日本が最も多く18・1％で、こちらも群を抜いて1位。それぞれほぼ3人に1人、5人に1人という割合で、関係者に衝撃を与えたのはよく知られています。

自己肯定感は最低

日本政府が実施し、その内容が政府発行の「2014年子ども・若者白書』で紹介された、自己肯定感に関する世界7か国の比較調査結果も衝撃的なものでした。

調査は、2013年11月～12月、日本、韓国、米国、英国、ドイツ、フランス、スウェーデンの7か国、13～29歳の男女各国1000人程度を対象に行われました。「自分自身に満足している」と答えた割合は日本が最下位で45・8％、他の6か国は米国86・0％、英国83・1％、フランス82・7％、ドイツ80・9％、スウェーデン74・4％、韓国71・5％とすべて70％を超えていました。また、「将来に明るい希望を持っている」と答えた割合も、日本の61・6％が最低で、米国91・1％、スウェーデン90・8％、英国89・8％、韓国86・4％、フランス83・3％、ドイツ82・4％と他の6

か国はすべて80％を超えています。

こうした調査だけではなく、ほかの国際比較調査からも、日本の子ども、若者の自己肯定感の低いことは度々指摘されてきました。

「この時代　生きた心地がしないのだ　なにをするにも指先ひとつ」（神奈川大学附属高等学校 1年 中村優太）

これは、東洋大学が毎年募集している現代学生百人一首の2017年入選作品で、男子高校生のモノローグです。テレビやゲーム、スマホに向き合って膨大な時間を過ごし、ナマ身の人間と触れ合う機会は減るばかり、他者のために自分の時間とエネルギーを使う実体験が極端に少なくなってしまった日本の子どもたち……。他人から「ありがとう」と言われたことのない子どもに自己肯定感は決して生まれないのです。

スマホの時間わたしは何を失うか

様々な調査でわかっている子どもたちのデータを小・中・高校生たちに知ってもらい、子どもたち自身にスマホの使い方を考えてもらうために、日本小児科医会と日本医師会が、協同で配布したポスターです（日本小児科医会、2016年発行）。睡眠、学力、体力、視力、コミュニケーション力、脳の機能など、スマホやメディアを使う生活習慣と健康問題をテーマに学校保健委員会などで考える材料として有効に使うことができます。保護者の方に子どもの生活リズムとメディア漬けの関係を啓発するのにも役にたちます（このポスターは日本小児科医会ＨＰよりダウンロードできます）。

自殺とメディア接触

電子メディア接触と子ども・若者の自殺との関連を示唆するデータもあります。

日本の子どもたちは、子ども期の電子メディア接触時間が世界一長いというIEA（国際教育到達度評価学会）の調査結果（2003）が明らかになって以来、そのことが日本の子ども・若者の孤独、自己肯定感、自殺率など、心の異変と関係があるのではという指摘もされてきました。

NPO法人子どもとメディアの調査（小4〜中3、n=5675、2007）でも、「生きていても仕方がない」とこれまで3回以上思ったことがある、と答えた子が平日の電子メディア接触2時間以下だと14・9％だったのに対し、6時間以上の子どもだと28・0％とほぼ倍増し、因果関係はわからないまでも、生きる意欲と電子メディア接触時間には明らかに逆相関がみられました。

そして、スマホが爆発的に普及し、乳幼児期からの接触、中高生の長時間接触が常態化する中で、子ども・若者の自殺傾向とスマホなどの使用時間には強い相関がみられるという研究報告が、2017年11月にアメリカで発表されました。

サンディエゴ州立大学のJean Twenge教授らの研究で明らかになったのは、アメリカでスマホが一気に普及した2012年を境に中高生の自殺念慮の経験者や自殺者が急増しているということでした。Twenge教授らは中学2年生と高校3年生の男女50万人のスマホ・パソコンの使用状況を含む生活行動と、抑うつ症状や自殺念慮の経験、そして13〜18歳の自殺に関する全米のデータを分析しました。その結果、スマホが広がった2010年から2015年で中高校生の自殺率は31％も上昇していること、そして自殺念慮や自殺企図といった自殺につながる経験者の割合は、スマホやパソコンを使用する時間が1日1時間未満の中高校生では29％でしたが、2時間の子は33％、5時間以上の子では48％と、使用時間が長くなるほどリスクが高まることなどが明らかになったのです。

スマホやネットの時間は、発達期の子どもたちから対面での人と人との交流の時間、家族との温もりある団欒の時間を奪います。無機質なスマホやタブレットに向き合う時間が増え、様々な実体験は極端に減少しています。その結果、子どもたちの人格形成や生命感覚に大きな歪みが生まれ、社会性を身につけられない奇妙な人間が誕生し始めています。自殺や不登校の増加は、そうした事態への警鐘とみるべきでしょう。

5　人間は賢くなっているのか？

ネットゲームにはまってしまって生活が完全に破綻してしまった人々のことを「ネトゲ廃人」と呼んでいた時代がありました。その当時は、どちらかというとゲームの魔力、恐ろしさを語る言葉でした。しかし今、ネットゲームによるプロの対戦が〝e‐スポーツ〟と呼ばれ、プロのゲーマーと称する若者が高額な賞金を目指して国際大会に出場してそのワザを競うということまで始まっています。少なからぬ子どもたちが将来目指したい職業に「プロゲーマー」をあげるという状況さえ生まれています。

プロゲーマーとゲーム障害

「プロゲーマー」は、ネット社会で登場した新しい〝職業〟です。そして、ネット社会ならではの新しい〝職業〟がもうひとつ、「ユーチューバー」です。人々の興味関心をそそる手作り映像をネットに投稿して、アクセス数が多いほど広告収入が得られる、というシステムを利用してそうした投稿活動を〝生業〟にしている人々が登場したのです。これもまた一部の子どもたちの間であこがれの〝職業〟として語られるようになっています。

しかし、「プロゲーマー」「ユーチューバー」といったネット社会ならではの〝職業〟がもてはやされる一方で、これまでこの章で述べてきたネット社会の病理もまた無視できないものになり始めています。その中でも、ネット依存、ゲーム障害と呼ばれる一種の中毒状態は、世界的に対策を迫られる病理現象とされてきました。日本で最も早く２０１１年にネット依存症外来の旗を掲げた国立病院機構久里浜医療センターには、診療を希望する子ども・若者が殺到して診療は９か月待ちの状態となっています（２０１８年３月現在）。

これまで、ネット依存やゲーム依存は、日本はもちろん国際的にも「病気」とは認定されていませんでした。しかし、世界各国でも日本と同じような依存状態が広がっていることから、ＷＨＯ（世界保健機関）は、２０１８年６月に「ゲーム障害」を新たな疾病と認定しました。スマホの爆発的普及がもたらした人類にとっての負の側面が、初めて公式に病気と認定されることになったのです。

現代文明の副作用、近代化の功罪

この章ではここまで、スマホがあらゆる年代、あらゆる地域、あらゆる階層に普及することによって生じたネット社会の問題点を様々な側面から考えてきました。そして、一見便利で効率的で楽しい時間をもたらしてくれるスマホやネット社会が、実は本来の「人間」の育ちや何十万年、何百万年という時間をかけて進化し獲得してきた「人間社会」そのものを、根底から破壊したり歪めてしまう危険性を秘めていることを指摘してきました。

私たち人類はこれまで、豊かさ、速さ、快適さを追い求めて「近代化」をおし進め、「現代文明社会」と呼ばれる現在は、そうした目標の多くを達成したと信じてきました。しかし、21世紀の今、そうした「文明」のいくつかが、私たち人類が暮らす星、地球環境を決定的に破壊してしまう可能性や、これまで数百年にわたって創り出してきた社会環境を根底から崩壊に導いてしまう危険性があることが見え始めています。

例えば石炭、石油などの化石燃料。炊飯、暖房、発電、動力源などとして私たちの暮らしを支えてきたその化石燃料が地球温暖化をもたらし、異常気象による自然災害につながっていることなど、当初は誰も想像もできませんでし

現代文明の副作用とこれから

化石燃料（石油、石炭）の登場で…

暮らしが変わり、便利になった反面、
地球温暖化、異常気象が起こる

対策 ➡ パリ協定が結ばれ、
温室効果ガス排出量の削減

クルマ社会（自動車）の登場で…

人々の移動が楽になり、便利になったが、
地方都市、地域社会の衰退、崩壊、
バスや鉄道などの廃止、廃線…

対策 ➡ 地方都市の再生、一極集中の
見直し、公共交通機関の再生

スマホ・インターネットの登場で…

連絡や通信などが便利になった反面、
書店を含む商店の閉鎖、地域経済の崩壊、
子どもの運動能力、発達・発育への悪影響、
ながらスマホなどによる死亡事故、
ネット犯罪、依存症…

対策 ➡
- **年齢による使用の規制**
- **教育現場での
ネットリテラシー教育**
- **親への啓発**
- **相談体制の充実**

？

た。発電や防災のためのダムが海岸の美しい砂浜の消滅につながったり、増産のために使われる化学肥料や農薬が豊かな土壌を生き物が生きられない〝死の土〟に変えてしまったり、といったことも、人間の知恵の限界を示す現象でした。

社会環境の面でも同様の現象を指摘することができます。例えば本の通信販売。早くて便利なことは確かですが、地方の町や村の書店は壊滅し、中小都市でも生き残りがきわめて難しくなっています。書店を訪れて書棚に並んだ多様な書籍に知的好奇心を刺激されたり、これまで関心を持っていなかった分野の書籍に目を開かされたり……。人々はそんな機会を奪われて、文化的環境の貧困化が急速に進んでしまいました。

そして、クルマ社会の到来は、日本社会に劇的な変質をもたらしました。テレビコマーシャルでマイカーブームと煽られ、自動車産業と建設業界の意を受けて政治はクルマの走る道路の建設に多額の税金を投入しました。その結果、便利、快適、速い、三拍子揃ったクルマは、またたく間に普及、地方では、一人一台時代が到来しました。

郊外の大型店にクルマで買い物に出かける人々が増えると、町や村はもちろん、地方都市の中心商店街は、ほとんど例外なくシャッター通りと化し、地域社会の中核が崩壊してしまいました。さらに日本の地域社会の決定的崩壊につながったのは、バスや地方の鉄道などの公共交通機関の廃止、廃線です。人々がマイカーに頼れば採算がとれなくなり、いずれは予想された事態でした。しかし、高齢化が進む日本社会で公共交通機関がなくなれば、いずれ「人間が暮らせる領域」が極端に狭くなって国土の荒廃につながることを想像できた人々はわずかでした。現在「限界集落」「廃村」「廃屋」のニュースが全国各地から伝えられています。

商店もない、病院もない、学校もない、ガソリンスタンドもない……、クルマ社会が国土の有効利用面積を極端に減らし、日本社会の大きな変質につながりました。50年前のマイカーブームの初期、クルマ社会がわが国に極端な過密と広大なヒトの暮らせない地域を生み出してしまうことは予想できなかったのです。

「ネット社会」が始まった今、それにどう向き合うのか、人間の英知が試されています。

第2章

電子（ネット）ゲーム・スマホと子どもたち

第2章

電子（ネット）ゲーム・スマホと子どもたち

この20年で、携帯型ゲーム機、ケータイ、スマホは子どもたちに急速に普及しました。全国各地の小中学校を講演で訪れた折に、「この中でゲーム、スマホを持っていない人は?」と尋ねると、ほんの数人が恥ずかしそうに手を挙げるという状態が、全国共通の現象となっています。持っていない子が肩身が狭い、という恐るべき同調圧力が働いているのです。

そして、スマホもまた高校生のほとんどが所持し、小学校高学年から中学生でも所持率が50%を超える勢いです。第1章で指摘したように、ゲームやスマホに成長期の子どもたちが長時間接触したり、子育て中の親がスマホ漬けになったりすることは、子どもの心身の発達、言葉の獲得、学力などに明確に有害であることが明らかになっています。それなのに、なぜ、子育ての現場や教育の現場である学校で、有効な対策が取られてこなかったのでしょうか。

この章では、ゲーム業界やケータイ、スマホ業界のなすがままに子どもたちをさらしてしまった大人たちの対応と、その結果子どもたちが転げ落ちている落とし穴をみてみることにします。

1 ゲームの魔力
～急速な広がりの中で大人たちは～

わが国で、機械を使って「ゲームをする」という行為が始まったのは1970年代。喫茶店などに置かれた固定型のゲーム機に多くの若者が100円玉を握りしめて向き合うという光景が話題になりました。しかし、この時代は設置場所や有料という制約もあって、小・中学生とは無縁のものでした（33ページ　主な電子ゲーム機器の歴史）。

子どもたちに「ゲーム」というものが一挙に身近なものになったのは、1980年に売り出された「ゲームウオッチ」と呼ばれる携帯型ゲーム機の爆発的ヒットでした。4000万個以上を売り上げたといわれるこの大ヒットで、ゲームは〝どこでもできる〟という感覚が生まれたのです。

そして子どもたちを本格的に虜にしたのが、1983年に発売された「ファミコン」と呼ばれる家庭用ゲーム機でした。家庭のテレビ受信機を使って多様なゲームソフトを楽しめるこのファミコンは、子どもたちの中に瞬く間に広がりその生活を大きく変え始めました。外遊びの時間は激減し、子どもたちの体力・運動能力は、ファミコン発売から二年後の1985年をピークに低下の一途をたどり始めたのです。

そうした流れをさらに加速したのが、1989年の携帯型ゲーム機「ゲームボーイ」の発売でした。学校の校庭で、公園の一角でひたすらゲームに夢中になる小中学生の姿が社会現象として話題になりました。このゲームボーイは、2000年には累積販売台数が一億台を突破しました。しかし、子どもたちの生活時間に占めるゲームの割合が年々増えていっても、親たちは平然と子どもたちにゲーム機を買い与え、教師や学校もそれが子どもたちの育ち（発達）にどんな影響を及ぼすのか、関心を持つことはありませんでした。

そしてゲーム機の進化はさらに続きます。1994年に発売されたプレイステーションは、家庭用据置型ではありましたが、ゲームソフトの多様化、高度化、インターネットへの接続などによって、高校生や大人にも楽しめるゲーム機となり、成功体験や他者からの評価を求めてゲームにのめり込む子どもや若者が飛躍的に増えていきました。

さらに、2004年、ニンテンドーDS、プレイステーション・ポータブル（PSP）という携帯型でネット接続可能なゲーム機が発売されると、前者は小中学生に、後者は中高校生を中心に爆発的に広がり、わが国の子どもや若者の多くがまるで憑き物に取り憑かれたようにゲームに夢中になる、という異常な状況が生まれたのです。

ゲーム機の新機種の派手なコマーシャルがテレビで流される一方で、子どもや若者の〝ゲーム漬け〟にブレーキをかける動きはごく一部の団体や研究者に限られていました。

そして、深夜までゲームに耽って朝起きられない、それが度重なって不登校になる。ゲームに夢中になって成績が急激に下がる。ゲームの時間をめぐって親子げんかが絶えない……。全国各地でこうした事態が頻発するようになったのです。2000年代初頭、ゲームをめぐるトラブルで子どもや若者による親殺し、弟妹殺しという事件も相次ぎました。

青森・八戸で少年が母親と弟妹を殺して焼いた事件（2008）、福島・会津若松で高校生が母親の寝首をかいて殺した事件（2006）、奈良で高校生が母親と弟妹を焼き殺した事件（2006）、山口・上関で高校生が養育者の祖父を撲殺した事件（2007）、そして千葉・市川で高校生が父親を刺殺した事件（2009）……。

多くの子どもたちが不登校・ひきこもりに陥ったり、心ならずも殺人者となってしまったり、成績が大きく低下して人生設計が全く狂ってしまったり……、ゲーム機やゲームソフトで巨額の利益をあげる企業のかげで少なからぬ子ども、若者がヒドイ目にあってきたのです。

ゲームによって起こる家庭内のトラブル・問題

親への暴力

家族団らんの消失

親子げんか

深夜にかくれてやっている

主な電子ゲーム機器の歴史

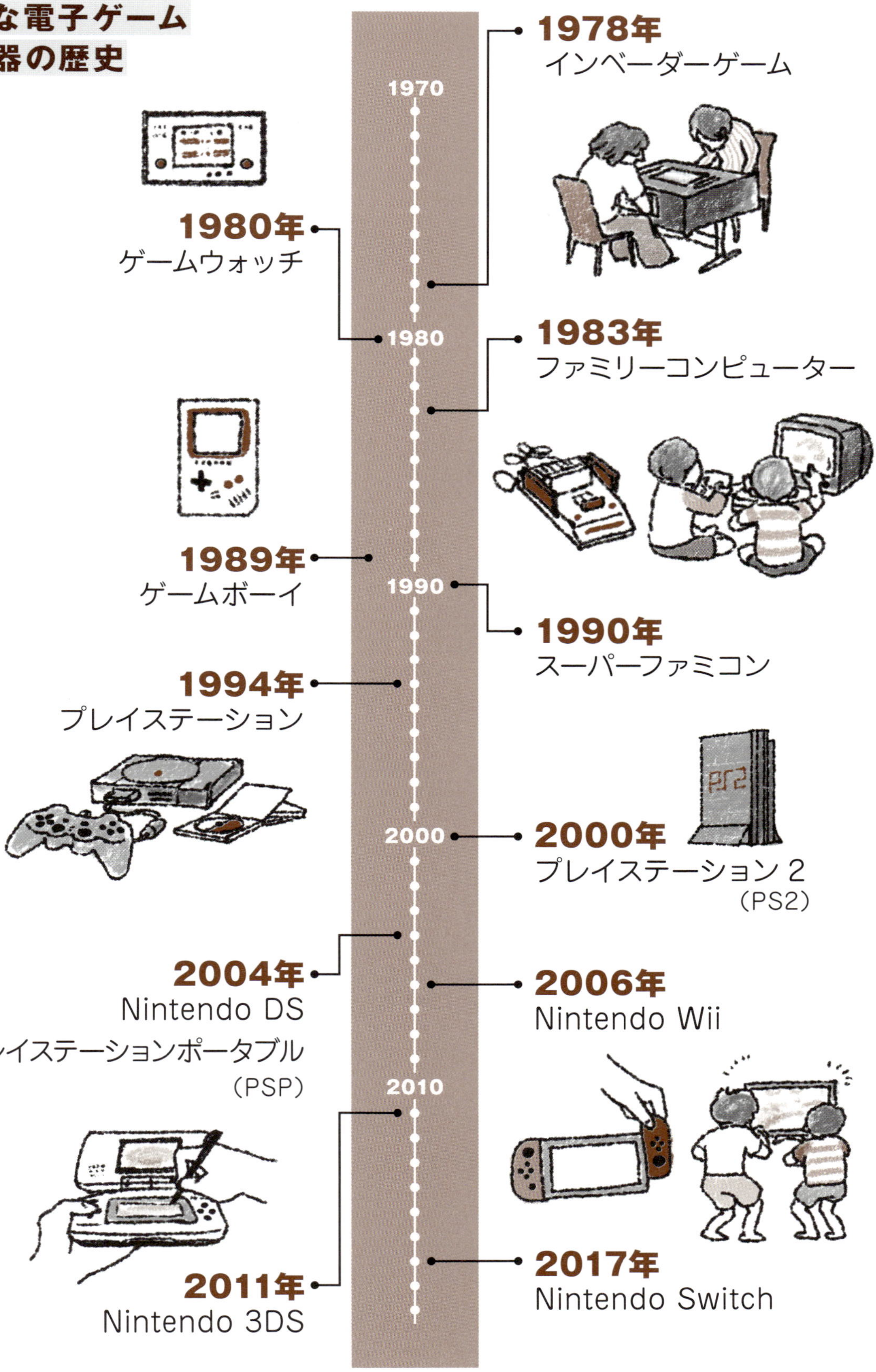
1970
1980
1990
2000
2010
1978年
インベーダーゲーム
1980年
ゲームウォッチ
1983年
ファミリーコンピューター
1989年
ゲームボーイ
1990年
スーパーファミコン
1994年
プレイステーション
2000年
プレイステーション 2
（PS2）
2004年
Nintendo DS
プレイステーションポータブル
（PSP）
2006年
Nintendo Wii
2011年
Nintendo 3DS
2017年
Nintendo Switch

ではこの40年ほどの間に、文部科学省、各地の教育委員会、そして学校の教師たちは何をしてきたのでしょうか。

端的にいえば「無策」です。

『インターネット中毒』（1998）『ゲーム脳の恐怖』（2002）『脳内汚染』（2007）『ネトゲ廃人』（2012）などといった「ゲーム漬け」や「ゲーム依存」に警鐘を鳴らす著作が出版されていたのですが、文部科学省はもちろん、現場の教師たちのほとんどが、子どもたちの惨状に何も対応してきませんでした。現在、「セクハラ」や「いじめ」に関連して「傍観」は犯罪に加担しているのと同じという考えが強くなっていますが、「ゲーム漬け」「ゲーム中毒」に関しても「無策」で手をこまねいてきた文部科学省、厚生労働省、教育委員会、学校現場の教師たちの責任が問われなければならないでしょう。

現在、ファミコン世代が中高校生の親になって、ゲームについての否定的な感覚が薄らいできたせいか、2000年代初期に見られたゲーム漬けをめぐる親子の確執やそれが原因の凄惨な事件はめっきり少なくなりました。しかし、不登校の小中学生の数は13万4千人余りとなり、家に引きこもってゲームに耽る成人の数も年々増え続けています。ゲームの魔力は静かに人々を蝕んでいるのです。

ところで、先述したようにWHOは2018年、「ゲーム依存」を「ゲーム障害」という名称で疾病認定することに踏み切りました。この認定に際してもゲーム業界は強く反対運動を繰り広げて妨害したと伝えられています。ゲームが多くの子どもたちの人生を大きく歪めてしまっている状況を、ゲーム関係の企業は今こそ直視しなければならないでしょう。企業の責任もまた問われているのです。

そして、東北大学 川島隆太教授らの研究で、ゲームが脳に及ぼす影響も明確になりました。

「ゲーム」は子どもたちがいずれ卒業する遊び道具、という固定概念からの脱却が求められています。教育関係者や厚生労働省の対応の変化を注目したいと思います。

2 ケータイからスマホへ
～迷う親たち、そして学校の対応は？～

わが国の携帯電話の歴史は、1985年に肩掛けベルトで持ち運ぶ重さ3キログラムのショルダーフォンから始まりました（36ページ 携帯型電子通信機器の歴史）。その後、重さは次第に改良されて、1991年には200グラム台となり、携帯電話として本格的に認知されることになりました。

そして、大きな変化となったのが1999年、インターネットにつながる携帯電話「ケータイ」の登場です。女子高生を中心に子どもたちに急激に普及した「ケータイ」は、通話にはほとんど使われず、メールと携帯サイトの利用が中心でした。「ケータイ」を経由して子どもたちはネット社会に飛び込み、ネットいじめを経験したり、〝ケータイ命〟とケータイ依存に陥るなど、様々な形でネット社会の毒にまみれることになったのです。

前項で触れたゲームの場合、まず、小中学生に普及しハードやソフトがバージョンアップするにつれて若者や大人の女性にも広がっていく、という経過をたどりました。しかし、「ケータイ」は、仕事や日常生活の有用性からまず大人社会に普及し、次第に高校生、中学生、小学生と低年齢層に広がっていきました。この広がりのパターンは次

スマホによって起こる 子どもたちのトラブル

ネットいじめ
（友人関係のこじれ、
LINE外しなど）

生活リズムの乱れ（昼夜逆転）

個人情報流出

<その他>
- 知らない人に会う
- 性犯罪にあう
- 学力低下
- 動画・画像トラブル
- 著作権侵害
- 肖像権侵害など

に登場する「スマートフォン（スマホ）」でも同じでした。２００７年に発売されたiPhoneに代表されるスマホは、高速回線でネットにつながる高性能パソコン並みの機能を持ち、ケータイ並みの手軽さで誰もが持ち歩きできる携帯型の端末です。しかも操作が簡単なことで幼児から高齢者までが多様なネットワークサービスにアクセス可能となりました。音声やメールでの通信、様々な検索、動画などの撮影・送信、ゲームを楽しむ、音声や映像を楽しむ、書籍を読む、お財布機能……、日常生活のあらゆる場面でスマホは極めて便利な道具となっています。この結果、乳幼児を育てる母親、教師、ＰＴＡ役員などを含めて、子どもに関わる大人の95％ほどが、スマホを所持して、日常的に使うようになりました（２０１７）。

子どもたちの周囲の大人の所持率が高くなれば、子どもがスマホを持つことを制限する動きが鈍くなるのは当然です。高校生のスマホ所持率は、限りなく100％に近づきつつあり、中学生や小学校高学年でも、地域差はあるもののほぼ半数の子どもがスマホを持っている状態となりました（２０１７）。しかも、小中学生の所持率は年々急激に高くなっているのです。

社会的な判断能力や責任能力が未成熟で、自己コントロールも不十分な子どもたちが、いきなりネット社会の闇

携帯型電子通信機器の歴史

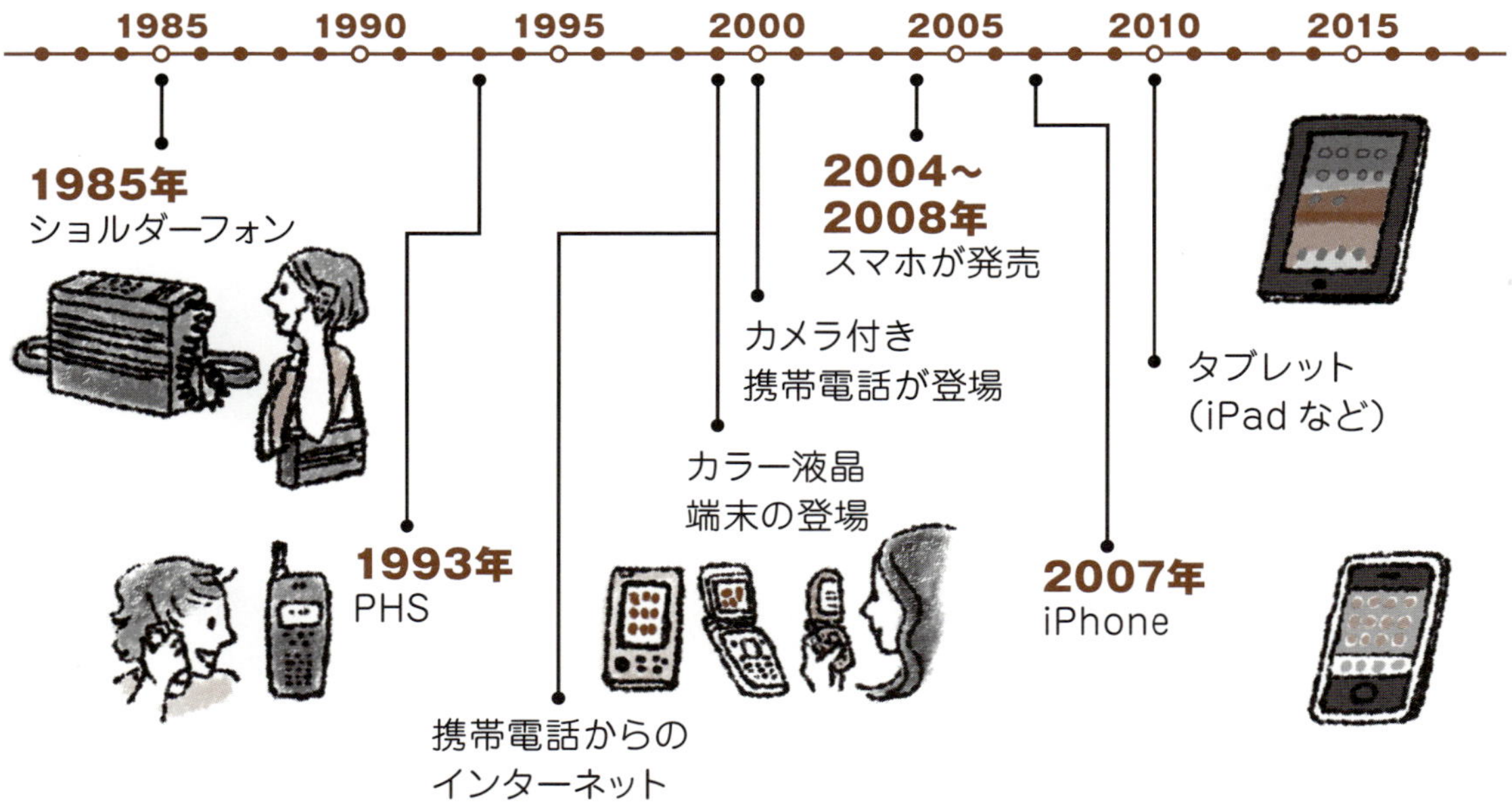

に触れたり、様々な誘惑にハマったり……、スマホは子どもたちにこれまでになかった危険をもたらすメディアでもあります。現実に学校現場では、少なからぬ子どもたちがネットトラブルに巻き込まれ、スマホ社会の落とし穴に転げ落ちています。その実態は後ほど触れることにして、ここではまず、親や教師、そして学校が子どもたちのスマホ所持にどう対応してきたのかをみておくことにします。

① 分かれた親たちの対応

「わが子にいつ、ケータイやスマホを買い与えるか」

この20年、親たちの多くはこの問題に悩んだり迷ったりしてきました。しかも、ほとんどの親たちが「ネットリテラシー」などを学んだこともなく、その言葉さえも聞いたことがない状況で、企業からの圧倒的な販売攻勢にさらされたのです。

電話やメールなどの連絡手段だけではなく、インターネットにつながることでその有用性や娯楽性が認識されたケータイ、そしてスマホは、大人社会に急速に普及していきました。その便利さや楽しさを知った世代が親になって、子どもたちへの対応は多様なものとなりました。

一部の親たちはむしろ、積極的にわが子にスマホやケータイを買い与えました。

「親子の連絡や安否確認に便利」

「LINEやInstagramなどのSNSを家族で楽しみたい」

「ネット社会に慣れさせてスキルを早く身に付けさせたい」

「わが子だけLINEできないのはかわいそう」

親自身が使いこなしているものを子どもに与えるのに何のためらいもない、こうした一群に加えて、四六時中スマホをいじっている親を見ている子どもにせがまれて仕方なく、という与え方も含めて、子どもたちの所持率は次第に上がっていきました。しかし、多くの親たちは、

「いずれ買い与えるにしても、何年生からにしようか」

「まわりの子たちの3分の1がもう持ってるらしいけど、どうしたものか」

「なるべく遅くしたいけど、いつまで我慢させたらいいだろうか」

「我慢させたいけど、その理由が難しい」

「学校で何かガイドラインを設けてもらえないかな」

などと揺れ動いています。

そして小中学生にケータイ・スマホは絶対に必要ない、という親たちも一定数存在します。

「ケータイ・スマホは勉強には必要ない」

「高校に入ってからで十分」

「ネット社会のリスクやトラブルが心配」
「もっとナマ身の人間関係を大切に」
「お金がかかる」
「犯罪に巻き込まれる」
「読書や体験の時間が奪われる」

こうした親たちの意識は、ケータイ、スマホ普及の初期段階では中学生以下の子どもたちの所持率上昇にブレーキをかけていました。そしてケータイもスマホもまず高校生に急速に広がりました。

しかし、ここ2〜3年、小学校高学年から中学生の所持率が急速に上昇しています。親世代の若返りが進み、子どもや高校生時代にファミコンやケータイを経験した人々が親となって、子どもがゲームに触れたりスマホを使ったりすることに抵抗がなくなっているのです。

そして、乳幼児にスマホやタブレットを平気で与えたり、PTAの会合や授業参観で夢中でスマホをいじって話を聞いていなかったり……親自身の「スマホ依存」も気になる現象となっています。

ただ残念なのは、子どもに与えるにせよ与えないにせよ、ケータイやスマホが子どもたちの発達権や学習権をどんなに侵害するものか、という観点が親たちの意識に全くみられないことでしょう。

子どもも見ている親のスマホ依存

授業参観や
運動会でもスマホ

食事中もスマホ

泣いてる、ぐずる子どもに
スマホを渡す

② 問われる教育現場の対応

2008年6月に「有害サイト対策法」が議員立法で成立し、18歳未満の子どもが使うケータイやパソコンに有害サイトの閲覧を制限するフィルタリングサービスの提供が義務付けられました。それから10年、全国各地の教育委員会が作成するパンフレットには、判で押したように「フィルタリング」という言葉がみられます。しかし、座間事件（2017）を引くまでもなく、この法律などほとんど有名無実となっていることは明らかです。

さらに、文部科学省は2009年1月に、ケータイの小中学校への持ち込みを原則禁止とする指針を都道府県教育委員会に通知しました。この指針は学校以外での子どもたちのケータイ・スマホを事実上野放しにし、しかもケータイ、スマホが子どもたちにもたらす諸々の災厄から学校と教師の責任を一切免罪してしまう最悪の指針となったのです。

「フィルタリングは業者任せ、子どもの育ち（発達）や学び（学習）に責任を負うべき教育委員会や学校、そして教師は学校外のことには関知しなくてもよい」これは何もしない「無策」よりもひどい犯罪的な対応です。スマホ対策の事実上の放棄でした。

その後、子どもたちへのスマホ普及が進む中で、学校では「情報モラル教育」なる啓発活動が始められました。スマホを〝より安全に〟〝より賢く〟使おう！という啓発です。一般社会人のスマホ所持率が飽和状態になる中で、企業の販売戦略は、ターゲットを子どもと高齢者に移していました。全国の多くの学校で、スマホやネットに関係する企業や団体から講師が招かれて〝安全に使う〟啓発が展開されています。当然のことながら、そういった場で第1章で指摘したような〝子どもの育ちや学びの危険性〟が語られることはありません。ほとんどの教師が電子メディアに関する研修も受けていないために、販売戦略を兼ねた企業人に講師を依頼せざるを得ないのです。

「ケータイ・スマホは学校外のこと」としたボタンの掛け違いが、今なお禍根を残しています。

そしてさらに問題なのが、クラスの連絡や部活の連絡、PTA関連の連絡が早々にLINEなどのインターネットに切り換えられていったことです。学校側のこうした対応は、出来るだけ子どもも親もネット社会にまみれたくないと考えていた親子を無理やりネット社会に引きずりこむことになったのです。

③ 子どもの学びと育ちを守るために

21世紀初頭から子どものゲーム中毒やネット依存症対策に取り組んできたお隣の韓国（詳しくは拙著『ネットに奪われる子どもたち』少年写真新聞社刊）とは対照的に、日本では国としての対策は全くといっていいほど実施されてこなかったのは、これまで述べてきた通りです。

しかし、そんな中でも、いや国が無策だからこそ、子どもの学びと育ちを守るために、独自の対策を何年にもわたって続けている学校や地域もあります。

入学時オリエンテーションで、保護者同席で
学校に誓約、制度として定着14年

―さいたま市　私立大宮開成中学・高等学校―

入学時オリエンテーションでは、「携帯電話所持許可申請書」を保護者と生徒同席で提出します。その際、学校側からは、使用時間（中学夜9時まで、高校夜10時まで）、家庭での置き場所、フィルタリングの設定などの使用に関する必須条件が提示され、保護者の管理責任が確認されます。

生徒たちの学び（学習権）と生活リズム（発達権）を守ることを目的に始まったこの制度は、今この学校の特色としてすっかり定着しています。入学してからスマホを手放したりガラケーに変えたりする生徒も出て、生徒たちにもしっかり支持されています。生徒たちの学校保健委員会が毎月募集して校内に掲示した標語のいくつかを紹介してみましょう。

「息抜きのスマホが　勉強時間を　無駄にする」
「友達は　スマホの中より　君のそば」
「依存症　スマホと薬物　変わらない」
「変わらない　ネットもリアルも　思いやり」
「22時まで　少しの我慢が　心地よい」
「スマホより　自分の時間を　大事にしよう」
「スマホ・携帯考えよう　モラルとマナーと　時間帯」
「S（すぐに）N（何もかも）S（さらされる）SNSに気をつけよう」

10年目を迎えた
「保護者と学ぶ児童生徒の規範意識育成事業」

―福岡県教育委員会　NPO子どもとメディア―

福岡県内の小学、中学、高等学校と特別支援学校に、NPO子どもとメディアが養成して資格認定した「メディアインストラクター」を中心に派遣して、メディアについての授業を保護者と子どもに対して実施するこの事業は2009年に始まり、2020年までの継続が決まっています。

福岡県は、この事業に2018年度は1178万円の予算を計上しています。

NPO子どもとメディアの「メディアインストラクター」は現在34名。1人が年間10～70校を訪問し、2016年度は908校、2017年は884校で子どもとメディアについての授業を実施しました。多くの都道府県ではこうした事業は、ネット関連業者やスマホ販売業者に委託され、販売販促活動の一貫として〝安全に使う〟などの講話が行われ、からだや脳、目の発達、依存症のリスクなどについては全く触れられていないのが実情です。

こうしたほかの都道府県と福岡県のこの事業が決定的に違うのは、

①保護者と子どもが一緒に受ける
②内容が単なるネットトラブル防止ではなく、心やからだ（脳や目、足など）の発達とゲームやスマホ使用との関係についてしっかりと情報提供する
③ゲームやスマホと学力低下の関係について必ず情報提供し、ネット依存のリスクについても啓発する、

などの諸点です。

ケータイスマホは夜9時まで！
5年目に入った地域ぐるみ21校のチャレンジ

―愛知県刈谷市―

子どもたちの生活リズムや学習時間を守るために愛知県刈谷市児童生徒愛護会（市教育委員会、市内各学校、警察、民生委員など）の呼びかけで2014年に始まったこのチャレンジの内容は、

①必要ないケータイ、スマホは持たせない
②契約の際に親子で約束を（管理責任を持つ）
③夜9時以降、ケータイ、スマホは保護者があずかる

というものでした。5年目に入った現在、この3つのルールは毎年各小中学校で保護者と子どもたちに啓発活動が続けられ、すっかり定着しています。スマホ所持率は全国平均と比べて10%以上低くなっており、ネットトラブルなども少なくなっていますが、前記3つのルールを完全に実行しているのは、全家庭の4割程度にとどまっており、関係者は啓発活動のさらなる充実を目指しています。

子どもと保護者で行っているチャレンジ

決めた約束は守っていく

使うときの約束を決める

本当に必要かどうかを話し合う

子どもメディアサミットから親子ふれあいデーへ

―長野県佐久市　SAKU Kids メディア safety―

2016年にスタートした、家庭、学校、地域社会が連携して子どもと電子メディアについて考えるネットワーク組織、「SAKU Kids メディア safety」には、小中学校のPTA、幼稚園保育園保護者会はもちろん、青年会議所や医師会、大学や警察、チャイルドラインなどの多彩な団体が参加しました。

2016年10月にこのネットワークが主催した「第1回子どもメディアサミット」には、市内17校の小学校と7校の中学校の児童生徒の代表が参加し、ゲームやスマホについて調査したり話し合ったりしたことを発表しました。そしてこのサミットに参加するために調べたり話し合ったりしたことをきっかけに、生徒会が「ノーメディアデー」を提案し、定期テスト前の実施に学校をあげて踏み切った中学校も出るなどの成果も出ています。

そして、スマホやゲームから離れて親子で様々な体験の場を、と2018年10月の土曜日、日曜日の2日間「親子ふれあいデー」が実施されました。温泉やプール、美術館など市の施設が割引料金になったり、食堂やレストランなど家族が利用する産業施設の割引サービスもありました。ネットワークに参加した会員が、メディアから離れて家族で豊かな時間を過ごせるようにと協力して実施したのです。

3 知っていますか？ スマホ社会の落とし穴

自己抑制力も判断力も未熟な子どもたちがスマホを手にしてネット社会に足を踏み入れると、様々な落とし穴にはまっていきます。

いくつかの典型的な例を紹介してみます。

① 命を落とす、命を奪う

かつてケータイが高校生に爆発的に広がったころ、自宅が火事になって逃げ出した高校生がケータイを取りに戻って焼死（2008年広島）、ケータイでの会話に夢中で踏切に入った女子高校生が電車にはねられ死亡（2009年大阪）などの事故が相次ぎ、社会的に大きな問題となりました。そして、ケータイ以上に多様な機能を持ち、操作するときに極端に視野が狭くなるスマホを多くの若者、子どもが手にするようになった今、命に関わる様々な事件・事故がスマホがらみで起きています。

「歩きスマホは危険です！」などのポスターが全国各地の駅などに掲示されていますが、2018年7月には静岡市の東静岡駅でスマホを操作しながらホームを歩いていた中学3年の男子生徒が線路に転落、直後に入ってきた電車とホームに挟まれて死亡するという痛ましい事故まで起きました。こうした死亡事故には至らなくても、スマホがらみの事故で救急搬送されるケースは少なくありません。

スマホによってネット社会の闇に吸い込まれ、命を落とす若者たちもいます。自殺願望をスマホで呟いた女子高生など9人が殺された座間市の事件（2017年）は、スマホの落とし穴を示す象徴的な出来事でした。スマホで知り合って殺される若い女性も後を絶ちません。

一方で、スマホを操作しながら車を運転して交通死亡事故を起こすケースも少なくないのですが、女子大生が左手にスマホ、右手に飲み物を持って自転車に乗り、77歳の女性と衝突して死亡させた事故（2017年川崎市）・男子大学生がスマホを見ながら自転車に乗り、62歳の男性を死亡させた事故（2018年つくば市）は衝撃的でした。

スマホは、若者たちが命を落とすキッカケをつくったり、他者の命を奪ってしまったりする道具としても立ち現れていることをまず確認しておきたいと思います。

② 昼夜逆転、不登校へ

スマホを手にした子どもたちは、SNSやゲームに費やす時間を確保するためにまず、睡眠時間を削っています。

深夜までのスマホタイムの結果、朝なかなか起きられなくなり、朝食も摂れず、学校でもあくびと居眠り。さらに悪化すると昼夜が逆転し、不登校へ。わが国の不登校率は、現在史上最高となっています。

③ 1か月の課金が70万円！

スマホゲームでブレーキがきかなくなり、ガチャを回し続けた男子中学生にきた請求が70万円でした。コンビニなどでカードを購入してチャージしていると小遣いでは足りなくなって父親の財布から1000円、2000円と抜き取るようになってバレた女子中学生もいます。父親の口座からの引き落としの場合、少額だと問題になりませんが、70万円ともなるとどちらが使ったか問題となりました。自己コントロールができない子どもはアプリやガチャの課金がとんでもない金額になってしまうことも多いのです。

④ 「ユーチューバー」「インスタグラマー」に憧れて……

将来なりたい職業の上位に急浮上してきたのが「ユーチューバー」、そして「インスタグラマー」。それに憧れてやってみたら……。判断力が十分にない子どもが高性能のスマホを手にして面白半分に投稿、とんだトラブルにつながりました。

【事例1】

中学生Aがコンビニで買い物中に同じ学校のBを見かけ、Bが商品を手にするところを盗撮、その動画に「万引き犯」のタイトルをつけてSNSで発信。広く拡散してしまった。

【事例2】

高校生A、B、Cが放課後、お互いにふざけてプロレスの真似をするなどして遊んでいたら、近くにいた友人Dがそれをスマホで撮影し、SNSで複数の友人に送信。送られた動画を友人Eが編集して、A、BがCを一方的にいじめているような画像に仕上げてYouTubeにアップ。視聴した人々が「いじめ動画」だと思い込み、大騒ぎになった。

【事例3】

男子高校生Aは「有名洋菓子店のケーキから虫！」という合成写真を投稿。また、ある女子高校生は、「恋が成就するパワースポット」として某建築物の立ち入り禁止区域内の写真を投稿。いたずら心が大問題に。

⑤ 悪意を持った者が子どもを狙う

子どもたちはスマホを手にすると、SNSで友達との会話を楽しむだけではなく、「ネット上の素敵な出会い」を求めて見ず知らずの人と会話をしたり、「寂しさを紛らわす」ために慰めてくれたり励ましてくれる見ず知らずの人に悩みを打ち明けたりします。そこにつけこむ大人はネット社会に無数にいます。孤独でつらさを抱える子ほどネットの中に優しさを求めて、その罠に落ちやすいのです。座間市の事件（2017年）はその典型でしょう。金銭狙いか性犯罪か、狼の狙いは2つです。

⑥ 裸の写真を送ってしまった！

女子中学生。SNSで知り合った自称大学生の男と毎日楽しく会話。親しくなると裸の写真を送ってほしいとしつこく頼まれた。さすがに抵抗があったので、断ったところ、それじゃあ下着姿の写真を送って欲しいとせがまれて、仕方なく送りました。今まで優しかった男がここで豹変。裸の写真を送らないなら、下着の写真をばらまくぞ！と脅かしてきたのです。怖くなって裸の写真を送ってしまいました。男がさらに要求をエスカレートしてきたため、女子生徒は母親に相談、男は警察に御用。大学生ではなく30代でした。

子どもの様子から推測する　スマホトラブルの危険可能性

こんな様子が見られたときには……		考えられる可能性
・スマホを片時も離さない（トイレ、お風呂にも持ち込む） ・夜中もスマホを気にしている ・落ち着きがない ・オドオドしている ・食欲がない ・イライラしている ・不安そうにしている ・布団の中には入っていても、眠れていない	➡	LINE や動画などでいじめられている スマホゲームに夢中になっている SNS 依存になっている 課金問題を抱えている 精神的な不安（過激なシーンなどの視聴、ネットの世界の出会い）

様子を見極めて、話を聞く、声をかけて困りごとを聞き出すなど、早めの対応が必要です

⑦ 教師や友達へ誹謗中傷の書き込み

「〇〇先生（既婚女性）は、△△先生（既婚男性）と不倫中。現場見た！」叱られた腹いせに男子中学生がネットに書き込んだ文章です。教師や友人への根拠のない中傷や悪口がインターネットに投稿され、拡散するケースが多くなっています。こうした書き込みは、簡単には消せずに長期間ネット上にさらされます。小学生から大人まで誰もが全くのデタラメでもネットに載せられる道具、スマホを持つ時代となりました。被害者の精神的苦痛を救う手段はあるのでしょうか。

⑧ 親子で楽しく……、やがて暗転

親がむしろ積極的にスマホを与え、母娘でメール、写真、動画などのやりとりを楽しんでいた中2女子。父と息子でネットゲームを楽しんでいた中1男子。やがて2人とも本格的にゲームにはまり込んでいったが、親は自分が勧めたこともあって制御できないまま放置。次第に暴力的言動と昼夜逆転が始まりひきこもり状態になっている。後悔先に立たず！

⑨ 匿名性の誘惑

本名を名乗らなくても自由に投稿できることから、「学校に爆弾を仕掛けた」「祭りの沿道で爆破予告」などと、匿名で発信して大騒ぎになるのを楽しむ愉快犯や、「死ね」「うざい！」「消えろ！」と特定の子を集団で攻撃するネットいじめが後をたちません。いずれも、ＩＰアドレスという機器固有の認識番号からたやすく発信者が割り出されてしまうことを知らない子どもや若者たちが陥りやすい匿名性の落とし穴です。しかし、デパートや駅で避難騒ぎになったり、いじめられて自殺にまで追い込まれる高校生が出たりと、社会的な大きな問題につながることも多いのです。

⑩ ネットの世界はダブルスタンダードにあらず！

～子どもも大人もフリーパス～

スマホがあれば、幼児から高齢者までネットの世界のあらゆる情報に平等にアクセスできます。誕生日やクリスマスに親や祖父母から買い与えられたスマホで興味の赴くままにネットの世界を覗いた子どもたちが目にするのは、殺人の映像、自殺の方法、女性器や性交のシーン……。映画、雑誌などには、大人向け、子ども向けといった厳然とした区別と境界がありますが、ネットの世界は区別なし、親たちが見たこともないような映像を子どもが見る時代になったのです。

⑪ 「つながり依存」と「孤独」と

「誰かに聞いてもらいたい」「誰かに認知してもらいたい」「誰かに語りかけてもらいたい」……。スマホを持った子どもたちは、移動中も寝るときもスマホを手放せなくなります。まるでスマホが自分の存在の証であるかのように。10を超えるLINEのグループで100人を超える友達とつながり、夜な夜な眠る間も惜しんでメールで語り合っても、孤独は深まるばかり……。

２０１８年４月の朝日新聞世論調査では、インターネットの発達で、人と人とのつながりや結びつきが「希薄になった」と答えた人が79％を占めました。スマホは人と人とをつなぐどころか、むしろ関係を弱める役割を果たすことが見えてきたのです。

第3章

小児科医が見た！
スマホ社会のおかしな子育て

第3章

小児科医が見た！スマホ社会のおかしな子育て

戦後、急激に豊かになる一方で、仕事の忙しさに拍車がかかり、核家族化も進んだため、子育ての孤立化、孤独化が大きな問題になりました。その後、少子化世代が子育てを始めてから、子育てがわからない、知らない、初めてだという人が増えてきました。

このような状況の中で、子どもがおとなしくしているという理由で、長時間テレビやビデオを視聴させる、電子ゲームやネット動画を利用させる、知育と称してＤＶＤを繰り返し見せるなどのことが行われるようになり、幼児期から子どもたちがメディア漬けにされています。そして現在、スマホ、タブレットを一歳未満の赤ちゃんに直接使わせるような光景さえみられます。

小児科医の私には、こういったおかしな子育てが、街中で、外来で、残念ながら目につきます。こうしたメディア漬けの子育ては、赤ちゃんが育つ上で言葉を獲得し、親子関係の絆を結び、社会化していくプロセスを邪魔していることになるのですが、多くの親はそのことに気づいていません。

この章では、実際の事例を挙げ、不適切な部分を「小児科医のひとくちコメント」として解説しています。

絵本をスクロール!?

ある日、待合室で絵本をスクロールする子どもをみかけました。スマホやタブレットのアプリで遊んでばかりいる赤ちゃんの中には、絵本を見せると手指でめくらずに絵本をスクロールするように触る子がいます。置いてある雑誌の表紙をスクロールしても表紙の絵が変わらないのを不思議がる様子や、イライラしている赤ちゃんの姿が動画で配信され、世界中で話題にもなりました。

絵本や写真だけではなく、テレビの画面に向かってもスクロールするような仕草をする赤ちゃんもいます。こうした赤ちゃんの姿は、大人が面白がるものではありません。赤ちゃんは戸惑っているのです。

小児科医のひとくちコメント

スマホやタブレットなどの平面画面ばかりを触っていることは、赤ちゃんの認知機能の発達の妨げになります。

赤ちゃんの手指の機能は、手に触れたものをつかむ（反射）から意識的につかむ、ガラガラを振る、おもちゃを一方の手から他方の手に持ち替える、手のひら全体で積み木をつかむ、親指と人差し指でつまむ、絵本をめくる、コップの取っ手を握る、鉛筆を握って殴り書きをするというように、毎日の体験を通して発達していきます。そして手指から得た多彩な情報が脳へ行きます。

乳幼児期にいろいろなものを触ることは、子どもの育ちにとても大切な経験です。

スマホやタブレットばかりを触らせるのではなく、紙の絵本を読み聞かせたり、石ころや砂を触るような機会も与えたりするなどの体験をさせましょう。

人の声がしない！

ある日のこと、待合室に乳児健診に来た一組の親子がいるはずなのに全く声がしないのです。

怪訝に思って待合室に行ってみたら、両親が9か月の赤ちゃんを2人の間に座らせて、iPadの画面を3人でじっと見ていました。父親と母親も赤ちゃんには声もかけず、じっと赤ちゃんと画面を見ているのです。「いつもこんな感じですか?」とお聞きしたら、「はい」とご両親。「赤ちゃんが、じっと見ている、うちでも見せていれば大人しくしていてくれるので、子どもだけが見ていることもあります」「いろいろ、面白いアプリがあるんです」

9か月健診だったのですが、バイバイをしない、積み木に手を出さない、大人の真似をしないなど、気になることがありました。

そこで、「赤ちゃんに頻繁に声をかけること」「赤ちゃんはよく動くので、楽しく自由に動ける環境を作ること」「外で過ごす時間を持つこと」「積み木やボールなどのおもちゃで一緒に遊んであげること」「iPadやスマホは、使わない方がいい」、「どうしても使いたいなら一緒に話しかけながら見せる、画面から30センチメートル離れて見せる、15分以内にする」などを伝え、1か月後の再診を約束しました。

小児科医のひとくちコメント

1か月後に再診で来たときには、積み木に手を出す、バイバイする、表情も豊かになり活発な子になっていました。赤ちゃんは、動くものをよく見る、反応があるものに興味を示す特性があります。スマホやiPadはタッチするだけで画面が変わったり、音が出たりするので、内容に関わらず赤ちゃんが惹きつけられるのです。しかし、この特性は、周囲の人の動きや出来事を把握するために備わってきたもので、人に関わったり周囲のおもちゃや生活用品に関心を持つことにつながっています。そして愛着を形成し、その人との数えきれないほどのやりとりによって言葉を獲得していくのです。デジタル画面は、タッチで変化はしますが、赤ちゃんへの働きかけは全くないのです。

知育を売りにしているアプリで、効果が検証されているものはありません。大人の都合でスマホやタブレットに子守りをさせる、電子ベビーシッターや〝電子おしゃぶり〟として使うことは、赤ちゃんの発達を歪めることを知ってください。

スマホ育児では育たない5つの感性

その動画、本当に必要?!

予防接種のときに、いきなりスマホで撮影を始めたり、写真を撮ったりする保護者の方もいてびっくりします。写真や動画の撮影は写真を撮る前にきちんと医師の了解を得て欲しいものです。しかも、撮影前には、「予防接種をして泣くわが子」というシナリオがすでにできているのか、赤ちゃんが泣かないと少々不満げなお父さん、お母さんもいます。運動会でも、学芸会でも、目の前の子どもたちを自分の目で見ずにファインダー越しに自分の子どもばかり追っている保護者も多くみかけます。付き添い分娩で、出産シーンをビデオに撮りたがる父親の話にも驚いた記憶があります。

　写真や動画の撮影も手軽にできるスマホですが、ファインダー越しに子どもを見ているのは、子どもを見ていることにはなりません。

小児科医のひとくちコメント

予防接種をして泣いたら、たとえ言葉のわからない小さな赤ちゃんにでも「痛かったね」「これで怖い病気が予防できるのよ」などの声がけをしながらなだめて欲しいと、小児科医の私は思っています。記録に残すことに専念して、赤ちゃんと「今」を一緒にいてくれないことが残念でなりません。

　さらには、写真や動画を撮るときに、あらかじめ予想していた子どもの様子が実際と違うとがっかりしている親は、子どもを無意識に所有物として扱っているか、親の思い通りにしようとしていると思われます。子どもとこのような向き合い方をしていると子ども自身が人生の主人公になれず、思春期あたりで様々な問題を起こすこともあるのです。

なんでもスマホに記録?!

体調が悪い子どもを連れてきたお母さんに、「お熱はいつからでしたか?」と聞くと、いきなり私に記録したスマホの画面を見せる方がいます。

画面には、何時に何度の発熱、機嫌や食事の量もアプリで機械的に記録されています。でも、それ以外の事はなかなか思い出せないのです。スマホデータに頼りきりで時系列を追って子どもの病状を説明できない親が増えてきたのも、嘆かわしい現状だと感じています。

スマホの記録もこういう使い方はおすすめ

夜中のいびきがひどいとき、いびきをかいているときの胸の動き、咳の音、下痢や発疹などの写真や動画を撮って医師に見せることは診療する上でとても有益です。ぜひ、活用してください。

スマホに振り回されているママたちの子育て

なんでもスマホで検索…

子どもの病気、けが

➡素人判断で対応が遅れることもあります

➡あふれる情報で育児ノイローゼにも

SNS 漬け生活 2
LINE

今、だれとのやりとりが大切？

➡子どもの「あのね」は待ったなしです

SNS 漬け生活 1
Instagram

必ずしも必要ではない？投稿写真

➡大切な時間が奪われます

赤ちゃんがベッドから落ちた！

ある日、「7か月の赤ちゃんがベッドから落ちました」と両親そろって受診。大人用のベッドに寝かせていたのですが、お母さんは家事をしていたので、お父さんに赤ちゃんを見ていてくれるように頼んでいたというのです。

しかし、お父さんは、そのときスマホを見ていたので、泣き声で初めて落ちたことに気がついたというのです。

寝返りをする、はいはいをする、歩くようになるなど赤ちゃんが発達していくと、ベッドから落ちる、何でも口に入れるなど目が離せない時期が続きます。

小児科医のひとくちコメント

「赤ちゃんがベッドから落ちました」という受診例は決して珍しくはありません。ベッドの柵をしていなかったので寝返り時に落ちてしまった、大人用のベッドで寝かせていたら落ちたなどの理由です。赤ちゃんから目を離さない、落ちない工夫をすることが大事ですが、最近は、スマホを見てましたという理由が増えてきました。打ち所が悪ければ頭蓋内出血などを起こし、取り返しのつかないことになります。

赤ちゃんを四六時中、見張っていることは難しいでしょう。赤ちゃんが危険ではない環境を整えることはとても大事です。乳幼児の死因のトップが不慮の事故、2歳以下は家庭内での事故というデータもあり、やはり目を離さない、気配を感じる距離にいることは子どもの安全のためには必要なことです。

スマホは小さな画面に集中するので視野が狭くなり、時間も思ったよりあっという間に経ってしまいます。ですから、乳幼児が起きて活動している間は、スマホはオフにしましょう。

ネットでノイローゼ?!

ある日、生後4か月の赤ちゃんと、何か思い詰めたようなお母さんが受診してきました。そしていきなり、

「うちの子、胆道閉鎖ではないでしょうか?」

「てんかんではないでしょうか?」

「脳性麻痺ではないでしょうか?」

「発達障害ではないでしょうか?」

と暗い表情でたくさんの質問をしてきます。

「ネットに書いてありました」

「ネットにアップされているてんかんの赤ちゃんの動画にそっくりなんです」とあふれるネット情報で育児不安がますます強くなっているようでした。この赤ちゃんの発達はすこぶる良好です。いつも、不安の強い娘を心配する祖母が付き添ってきます。丁寧に説明しても、「でも、ネットにはこう書いてありました」と、なかなか納得し難いようです。

小児科医のひとくちコメント

日本では育児雑誌が1966年に創刊されています。それ以前、育児のノウハウは、人から人へ、口から口へと伝えられ、新しい親世代も自分が小さかったときには幼い兄弟や近所の子どもとの接触があったので、育児雑誌の必要はなかったのです。しかし、戦後の社会構造・家族構造の大きな変化でこういった従来の知恵の伝承はなくなり、育児雑誌も子育ての重要な情報源のひとつになりました。育児雑誌の記事のほとんどは専門家が執筆か監修をされています。今では、手軽にスマホで検索すれば育児に関する情報は正解、不正解に関わらず瞬時に入手できます。しかし、その情報は膨大な量で、しかもその発信源は全くの素人であることも多く、無責任で、誤った内容や誤解を招く内容だったりして、見れば見るほど不安になることも少なくありません。「怖くて見るのをやめました」というママもいます。ネットは便利かもしれませんが、ネットでは不安が解消されないばかりか、かえって不安が強くなることの方がむしろ多いのです。ネット検索よりも、祖父母や親戚、近隣の子育て先輩、地域の保健師、助産師、小児科医などへ相談することをおすすめします。

お母さん、スマホ見るのやめなよ

「お母さん、スマホ見るのやめなよ」。これは電車の中で、つい先日わたしが耳にした子どもの言葉です。赤ちゃんを抱っこした母親はスマホをずっと見ていました。一緒にいた父親もつり革につかまり、ずっとスマホを見ていました。そばには5歳くらいの女の子がいました。席が空き、女の子と母親がすわりましたが、母親はスマホを見続けています。父親は、母娘が席に座るときも片時もスマホから目を離しませんでした。抱っこされていた赤ちゃんがぐずり始めました。

それでも、母親は赤ちゃんをあやすことなくスマホを見続けています。そんなときに発せられたのが、冒頭の言葉です。母親はそれでも見続けているので、結局、赤ちゃんをあやしたのはこの言葉を発した女の子でした。この親子、夫婦は電車を降りる時まで一言も言葉を交わさないままでした。

小児科医のひとくちコメント

こうした子どもたちの抗議は、言葉ではなく行動で表れることもあります。ある講演会場にいた母親が話してくれました。1歳半になる子どもが、母親がスマホの画面を見ようとすると子どもが自身の手でスマホの画面を隠したそうです。「ママ、スマホ見ないで私の相手をして」と言葉でいえないので画面を隠したのでしょう。

〝愛〟の反対言葉は〝無関心・無視〟。無視したり無関心ではいないと思っていても、身近な大人が、スマホなどの画面に釘付けになっていると、子どもは無視されたと感じます。人の話を聞くというのは簡単そうでなかなか難しいことです。聞き手は話し手にからだを向ける、話し手の目を見る（じっと見つめたり睨んではいけない）、うなずきや相槌を打つ、相手の言葉をおうむ返しする、話の内容を要約して確認するなどのコツがいります。

そばにいる親が、スマホの画面を見て、自分を見ていない。そんな状態では、自分の言葉や気持ちを聴いてくれる人、受け止めてくれる人がそばにいてくれる感覚は育つはずがありません。孤独な心、一人ぼっちの感覚が育ってしまうのです。

「ゲームでもすれば」の一言が……

これも電車の中の光景です。あるとき、地下鉄に小学校低学年くらいの子どもが３人、母親が２人乗ってきました。私の目の前に３人の子どもたちが座ってなにやら楽しそうにおしゃべりをし始めました。ほほえましく思い眺めていたら、突然、少し離れて座ってスマホをいじっていた母親が子どもたちに「ゲームでもしたら」と勧めたのです。

子どもたちは楽しいおしゃべりをやめて、自分たちのリュックからゲーム機を取り出し、たくさんのカセットから好きなカセットを選び、３人とも無言でゲームをし始めました。他者といること、おしゃべりして情報や気持ちを共有したり今から何をしようかと一緒にワクワクしていたであろう貴重な時間を奪ってしまった光景を目の当たりにして、私は暗澹たる気持ちになりました。

小児科医のひとくちコメント

子どもは生まれたときから、人との関わりを必要とします。人との関わりは、母、そして父、家族へと広がり、幼児期は幼稚園や保育所の友達、そして学童期には、学校の友達、地域の異年齢集団などへと関わりを広めていきます。

関わりの広がりの中で、他者から様々なことを学ぶとともに、他者から自分がどう扱われているかによって自分とは何者であるかを知り、人と関わる力を培っていきます。

親子だけに限らない多様な人との関わりが学童期の子どもの心の発達には欠かせないのです。友達、きょうだいと一緒に遊ぶ、スポーツをする、言葉を交わす、一緒に作業をするなどの時間が子どもたちを育てます。時間、空間、仲間が子どもの育ちにとって欠かせないといわれる所以です。

目の前の３人はこの時間と空間と仲間の中にいたのに、「ゲームでもしたら」の母親の一言で孤独な時間と空間に追いやられ、仲間から引き離されてしまったのです。

朝起きられない……～夏休みの落とし穴～

小学校4年生男の子。祖母と一緒に来院。夏休みが終わって、学校が始まっているのに、朝起きられなくて学校に行けていないということでした。起立性低血圧？　貧血？　と思いを巡らせながら話を聞いてみると、夏休み中、買ってもらったばかりのゲームを好き放題やって過ごしていたそうです。夜中も寝ずにやって、昼まで寝て、という生活を夏休みが終わる直前まで続けていたということでした。睡眠時間は足りていましたが、昼夜逆転の状態でした。

本人も朝起きられなくてつらい、学校には行きたいという希望があったので、夜10時には寝ている生活を目標に、一日の時間割を書いてもらいました。ゲームの時間を減らすとか学校は休まないという目標ではなく、とにかく「夜10時には寝ている」を目標にしました。そして、夜10時に寝ているためにどうすればいいのか一緒に考えてみました（最初にゲーム禁止をいい渡す指導やアドバイスは聞き入れてくれないものです）。2週間後、生活リズムは修正され、ゲームは2時間以内、週末だけというルールをつくり、体調も改善しました。早く受診されて本当に良かったケースです。

小児科医のひとくちコメント

長い休みの期間、自由に過ごせるのは夏休みのいいところですが、生活リズムや学習習慣が崩れがちになります。特に、家族が忙しく、きょうだいや遊び仲間の少ない子どもだけの時間が長くなると、あっという間にゲーム漬けになります。そして、視力がガクンと悪化します。テレビやゲームに時間を費やしていれば、夜更かし、からだをほとんど使わない、眠れなくなる、朝は起きられないなど昼間に活動するためのからだのリズムが狂ってしまうのも当然です。

睡眠不足や昼夜逆転で崩れた体調は簡単には戻りません。特に夏休みは期間が長い、冬休みはお年玉でゲームを買う、春休みは入学・進級のお祝いにスマホやゲーム機を手にする可能性の高い時期です。子どもたちがゲーム漬けになったりSNSデビューしたりする危険な時期でもあるので注意が必要です。

スマホがもたらす心身症

中学校で健康相談をしている時のことです。2年生の女子が頭痛を訴えて保健室にやってきました。話を聞いているうちに、クラスの女子が2つに分かれてしまっている状況が見えてきました。スマホでやりとりしているうちに（スマホでのやりとりは、クラス内では誰一人口に出すことがないというのにも驚きました）、行き違い、誤解が収拾できずにあっという間に仲間割れしてしまったそうです。仲の良かった友達との関係もおかしくなり、毎日鬱々と過ごしているとのこと。どうなりたいか聞いたら、「また仲の良かった前の状態に戻りたい」といいます。その問題が解決したら頭痛はどうなっていると思う？と聞くと「多分、治っていると思います」と彼女は答えました。どうしたらいいのかを一緒に考えて、その問題の友達とちゃんと会って話す方法を選びました。

彼女は、勇気を持って、会って話すことを実行してみた結果、誤解が解けて仲直り。予想通り、毎日悩みの種だった頭痛も治ってしまいました。一人の子どもの頭痛の相談から、クラス内の様子や、今どきの子どもたちの葛藤に深く関わっているスマホの影響を知ることになりました。相談しに来てくれて本当に良かったと思いました。

小児科医のひとくちコメント

心とからだはつながっています。悲しい気持ちや鬱々とした気持ちがあれば、食欲もなくなり夜も眠れません。頭痛やめまいもそうしたストレスが原因のことも少なくありません。中学生では、部活、クラス全員の連絡、友達がみんなやっているなどの理由でスマホを使う生徒が急増しています。その落とし穴がこういった人間関係のトラブルです。

スマホトラブルは、いじめや性被害といったものだけではありません。中学生は思春期真っ只中。親との関係より友達関係を大切に思う年頃。ちょっとしたこじれや行き違いがLINEでは拡大します。誤解が誤解を生んでいく、毎日顔を合わせているのにスマホの世界は全く別の世界なのです。

子どもがアダルト動画を見てしまった！

診療所に1本の電話。小学校2年生の男の子の母親から、「リビングにあるパソコンの履歴を見たら、とんでもないアダルトサイトの動画履歴がずらっと出てきました。子どもが見たと思います。どうしたらいいのでしょうか」との相談でした。

もともと、「パソコンはリビングで見る、パスワードも親だけが知っていて、親のいるときだけパソコンに触れるというルールでした。しかし、子どもが宿題でパソコンを使わざるを得ないので、パスワードを子どもに教えてしまった」というのです。

小児科医のひとくちコメント

こうしたケースの場合、まず子どもに、履歴があったけど実際に見たかどうかの確認をしてみます。子どもには悪気は全くないかもしれません。あるいは、見つかったらまずいと思って見ていたのかもしれません。頭ごなしに叱れば、もっと隠れて見ることになるでしょう。親が表情も口調も穏やかに話し、納得させて約束できればそれでいいのです。ですから、

1、子どもを叱らないこと。見たことについては、責めたり叱ったりしないことです。

2、アダルトサイトを見ることになった経緯を聞くことができれば、子どもに聞いてみます。

3、そして、子どもが見て良い情報と良くない情報があること、ネットには嘘もたくさん書いてあることと、それを見分ける力は小学生のあなたにはないことを説明する（好奇心を頭から否定したりしないで）。

4、今後のパソコンの使い方について話し合う。パソコンを使いたいときには、保護者がパスワードでアクセスして、一緒に見ることを約束して実行するというルールをつくります（自由に使

わせない、一人で使わせないということが大事）。
その後、このケースは、前述のような対応を説明したところ、友達から「こんなのあるよ」と教えられて興味本位で見ていたことがわかりました。親子で話し合い、今ではパソコンのルールも守れていますと連絡が入りました。

ネットの世界はいわば無法地帯に等しい世界が広がっています。性に関心が出てくる頃には様々な手段を使って知ろうとするのは昔からでしたが、その情報源は雑誌、小説、漫画、仲間などで、内容も言葉や絵、音もなく動かない写真くらいなものでした。しかし、ネットの世界では生々しい動画（エロ・グロなんでも）が簡単に見られます。大人が見てもひどいものです。性暴力も蔓延しています。

その一方で、家庭でも学校教育でも性教育は遅れているとしかいいようのない日本です。興味を刺激され、ネットで簡単に見ることができるのですから、機会があればアクセスしてしまうでしょう。

ネット社会の落とし穴ですので、落とし穴に落ちた子どもが悪いのではありません。落ちた子どもには罰ではなくケアが必要になります。親がいきなり叱ったりすることはかえって逆効果です。ピンチはチャンス。親子で話し合うきっかけとしましょう。

無責任な

間違った意見に振り回されないで！

スマホ社会と呼ばれるような爆発的な普及が始まったのはこの10年間のこと。子どもとスマホをめぐる問題は、多くのメディアで取りざたされていますが、子どもの心身の発達という視点をきちんと見据えた様々な分野からの警鐘は出始めたばかりです。一方で、何の根拠もなく、問題はありませんと公言してはばからない専門家を名乗る人々（子どもとメディアの勉強はしていない）もいます。各地の医師会や教育関係者対象の講演会で、心身の発達への問題点をお話しすると「知らなかった」「甘く見ていた」「きちんと対応するべきだ」という反応が圧倒的です。

間違い
その1

「テレビやスマホに子守りをさせないで」という啓発は、子育て中の親を追い詰める！

適切なサポートがあれば、決して追い詰めることにはなりません

むしろ、テレビやスマホに頼らざるを得ない状況は、サポートの必要性を感じます。赤ちゃんの世話の仕方がわからない、育てにくい赤ちゃんである、頼るところもなく一人で子育てしているなど様々な背景があるでしょう。地域の子育て広場、保健センター、ファミリーサポート、かかりつけ小児科など様々な施設・場所を利用して、地域で孤立しない子育ての体制作りを進めることが大事です。

子どもは、誰かが親の役割を果たしてくれないと健やかに育ちません。テレビやスマホは子どもを育ててはくれないのです。「使うなら30分以内」「親子一緒で」、というスマホの使い方がアドバイスされています。しかし、就学前の子どもの半数が、親と一緒ではなく子ども一人で勝手に見ている実態を見ると、そのようなアドバイスがほとんど無効であることがわかります。

外来で、丁寧に子どもの育つプロセスや関わり方をアドバイスすると、スマホに頼らない、スマホに子守りをさせない子育てが、とても子育てを楽しくさせてくれましたという声も少なくないのです。

間違い その2

テレビ登場のときもそうだったが新しいものに警戒しすぎ！

テレビだって弊害があるのは同じです

テレビも見ている時間が長過ぎれば、運動不足になったり夜更かしになったり、勉強や読書、友達と群れ遊ぶ時間が足りなくなる弊害は明白です。肥満や言葉の発達の遅れなど、長時間視聴の弊害は今までも指摘されていました。「大丈夫ですよ」という意見の中には、必ず「しかし、見せすぎは注意ですね」とコメントがあります。ネット社会は、いつでも、どこでも、時間制限なく、内容の吟味もされず、無責任でデタラメな情報も垂れ流しになっている場でもあります。テレビの視聴の仕方を考えなければならないのはもちろんですが、スマホ、ネットは子どもの育ちにとってもっと警戒しなければならないということなのです。

間違い その3

ゲームはやりたい放題させておけばそのうちに飽きる！

そのようなことはありません。ゲームは飽きないように作られています

ゲーム障害という病名が認定されたように、ゲームやネットに依存する子どもたち、大人たちの出現が見過ごせなくなっています。つまり新たな現代病が起きているのです。ゲームは飽きないように工夫して作られています。やめようと思ってもやめられない仕組みが組み込まれているのも確かです。アルコールも依存症になる人とならない人がいるように、その人の生活や体質などの背景も大きく影響していますが、年齢制限などや内容の規制がほとんどないゲームの世界に浸りきった時間は、子どもの発達に必要な貴重な時間を奪ってしまいます。飽きるまでやらせておいたらという無責任なアドバイスを信じたばかりに治療のチャンスを失い、ネット依存になり、本人はもちろん家族も悲惨な経過・結果になっている場合も少なくないのです。

泣いた子をスマホでだまらせるの？

赤ちゃんが泣いたときにどうしていいかわからないことがあります。それぞれに悩んだり工夫したりしていて、言葉が通じるまで苦労することも少なくありません。悩めるお母さんを中心に「こうして泣き止ませています」という方法を公募した育児雑誌などで、〝自分の赤ちゃんが泣いている動画を撮っておいて、泣いたときに、その動画を見せると泣き止む〟という方法が優秀賞として紹介されていました。その対応は本当に良い方法なのでしょうか。

赤ちゃんが泣くには、理由があります。おなかが空いた、抱っこしてほしい、暑い・寒い、オムツが濡れたなどいろいろです。たいていの場合は、その理由を適切に解決してもらえるので、泣き止みます。ところが、いろいろやっても泣きやまないときは、困るのです。だから、抱っこして歩いてみたり、外に出てみたり、あやしたりいろいろなことを親はします。親は、困ったときにでもこうして赤ちゃんに関わることを余儀なくされます。そうして赤ちゃんはなんとか泣きやむのです。

子どもの気持ちに、養育者が気持ちを合わせる、合わせようと努力することを情動調律といいます。嬉しいね〜、美味しいね〜などや、おなかすいたね〜、痛いね〜、イライラしてるのかしらね〜など親が抱っこをしながら対応してくれると、赤ちゃんは自分の気持ちは否定されない、共有してもらえると思えます。

そのことが繰り返されると、自分のマイナス感情も自分で調律（コントロール）することができるようになっていきます。

自分が泣いている動画を見せることは、ただ単に泣きやませる手段を使っているだけです。もしも、自分が、誰かに何かを聞いて欲しいときに、「とりあえずこれを見ていて」と、ビデオでも流されたらどういう気持ちがするでしょうか？ きっと大事にされた気はしないでしょう。赤ちゃんは、応答的に適切に世話をすることを日々数え切れないくらいしてもらって、初めてその人への基本的信頼を持ち、愛着を形成していくのです。影響力の大きな育児雑誌、この優秀賞に関しては、選者の見識を疑います。

第4章

スマホ社会でも大切にしたい子育てのコツ53

第4章

スマホ社会でも大切にしたい子育てのコツ53

地球のいろいろな場所で人が生き、子どもを産み育てています。子育ての仕方は、その国の、その地域の歴史や文化と切り離すことはできません。日本での子育ても長い歴史や文化に影響されています。『母乳がいい』『人工乳の方がいい』『添い寝がいい』『一人寝させた方がいい』『うつ伏せ寝がいい』『うつぶせ寝は危険だ』など、時代が変わるといわれることも変わってきています。

小児科医になって約40年がたちました。スマホ社会になっても、子どもが健やかに育つ上で大事なことは何も変わらず、以下の4つだと確信しています。

〝眠ること〟〝食べること〟〝遊ぶこと（学ぶこと）〟〝愛されていること〟

もちろん、子どもたちが生きている世界が平和で安心できることはいうまでもないことですが、子どもたちはこの4つの要素によって、からだが成長し、運動能力やそれぞれの器官の能力が発達し、人を人間たらしめる脳も発達します。言葉を獲得し、自分を自分たらしめるものを身に付け、他者を思いやる心や、わかり合おうとする気持ちや方法が育ち、社会的に成熟していくのです。

1 スマホが子どもの睡眠を奪う！

ヒトは夜行動物ではなく、日中に活動する動物です。そして夜に十分な睡眠をとることで、心とからだの疲れをとります。睡眠不足になると、イライラ感や集中力の低下、意欲・食欲の低下などを招きます。

現代社会は、インターネットやスマホの普及、24時間営業体制のコンビニなど、昼夜を問わず人が起きている生活が蔓延しています。こういった社会の影響を受け、家族の夜更かしに巻き込まれて、乳幼児期から夜型の生活を強いられていることが少なくありません。特に、新生児、乳幼児期は、からだに備わっている体内時計が昼夜のリズムに合わせられるかどうかを決める大事な時期です。この時期に規則正しい睡眠習慣を身に付けさせることが大切です。学童期には、学習塾、部活などに加えてスマホやゲームに時間を費やしてしまい、子どもたちは時間を奪われて、睡眠不足に陥っています。

文部科学省が行った「睡眠を中心とした生活習慣と子供の自立等との関係性に関する調査」（「家庭教育の総合的推進に関する調査研究」平成26年度）の結果、夜10時以降まで起きている小学生が50・8％、（午前0時以降まで起きているのが1.6％）、夜10時以降まで起きている中学生は

大人も見直して！！ スマホやネット それって必要な時間！？

子どもたちだけではなく、大人の睡眠不足も問題になっています。テレビやスマホに時間を取られているのは子どもたちだけではありません。誰にとっても1日は24時間です。

大人も早く寝ることを意識した生活をすることが子どもの睡眠確保にもつながります。

なんとなく起きている状態をやめて、睡眠を大事にしましょう。テレビやスマホなどのノーメディアを実践したら、家事がはかどった、時間がゆったりと流れた、「早く早く！」と子どもにいわないですむなど、いいことがいっぱいです。

子どもの睡眠を妨げる環境

ファミレス・コンビニなど
社会の24時間化

時間を気にしない
スマホ・ネットの利用

テレビ・DVDなどでの
家族の夜更かし

91・9％（午前0時以降まで起きているのが22・0％）、高校生の47％が午前0時以降まで起きています。睡眠時間が十分でないと感じているのは小学生14・9％、中学生24・8％、高校生31・5％となっています。

そして、携帯電話、スマホとの接触時間（ゲームを除く）が長いほど就寝時刻が遅く、寝る直前まで各種の情報機器に接触することがよくある子どもほど、朝、布団から出るのがつらいと感じる割合が高いのです。オンラインゲームの最も盛んな時間帯は深夜です。LINEなどのSNS利用で「寝落ちする」という言葉も使われるほどです。

生物学的にも、スマホやタブレットから出るブルーライトは、脳に働きかけて昼間と勘違いさせ、体内時計を狂わせることがわかっています。寝る前まで使うことは、睡眠の時間を減らし、睡眠の質を下げ、子どもたちの健康に甚大な被害をもたらすことが目に見えているのです。

ここ数年、乳幼児の睡眠もスマホ、タブレットの普及によって、その質と時間の確保が心配な状態になっています。

望ましい睡眠時間

新生児：14～17時間

乳児：12～15時間

幼児：10～13時間

学童（6～13歳）：9～11時間

思春期（14～17歳）：8～10時間

大人（18～64歳）：7～9時間

高齢者（65歳以上）：7～8時間

子どもの眠りを守る

子どもは、眠ることで1日の疲れを癒したり、からだや脳を休ませたりして翌日の活動に備えます。

しかし前述のような現代社会の中では、子どもたちの眠りがついおろそかになってしまいがちです。子どもの眠りを守るためのいくつかのコツを、年代別に紹介します。

9つのコツ

乳幼児期～小学校低学年の眠ること

① 朝の光を浴びさせる

人間は、夜になると眠り朝になると目覚めるというリズムをほぼ25時間の周期で繰り返します。これはサーカディアンリズムといわれます。体温やホルモン分泌などの様々なリズムを整える体内時計が脳と腸にあります。朝の光を浴びたり食事をとったりすることで体内時計は、24時間にリセットされることがわかっています。朝7時までにカーテンを開けて陽の光を浴びさせましょう。朝の光を浴びることで、脳が目覚めます。赤ちゃんがいつまでも寝ているから、その間に家事をするという生活はやめます。赤ちゃんの生活リズムを整えるためにも、決めた時刻に起こしてください。

② メディア接触時間の制限をする

3歳になるまでの子どもに、テレビやスマホ、タブレットなどの電子画面の映像に触れることの有用性は証明されていません。むしろ目や脳への影響が心配されていますので、できるだけ控えます。

幼児期以降でも、使用時間を制限して外遊びの時間や親子の会話の時間などを確保しましょう。鎮静作用のあるメラトニンは、起きてから14時間後、暗くなってくると分泌されます。テレビやDVD、スマホやタブレットなどからはブルーライトという昼間の光が出ていますので、メラトニンの分泌にも影響し、脳も昼間と勘違いしてしまいます。

テレビやゲームは夜7時頃までに切り上げる、夕食が終わったら照明を暗くしていくなどの工夫をするといいでしょう。乳幼児の寝ている横で保護者がスマホを使うことなども避けてください。

③ お昼寝は、午後3時半頃までに

個人差がありますが、お昼寝を夕方までさせてしまうと夜眠りにつくのが遅くなる傾向があります。お昼寝をさせるなら午後3時半頃までに起こすつもりでとらせます。

④ 夕方、からだを動かす遊びをさせる

午後3時頃に最も体温が高くなります。活動度が盛んなので、夕方の活発な遊びが、質の良い睡眠をもたらします。「カラスが鳴くから帰ろう！」や、夕方に街中に流れるチャイムなどは、夕方まで外で遊ぶ子どもたちへおうちに帰りなさいという合図でもあったのです。昔のように「夕飯になったら帰っておいで」というように子どもだけで外に出しにくい時代にはなっていますが、子どもの成長発達には欠かせない外遊び。それぞれのご家庭で、地域で工夫して、夕方の外遊びの時間を確保してください。

⑤ 寝る時刻を決める

なんとなく起きている、眠るまで待っているということでは睡眠習慣は身に付きません。寝る時刻を決めて、それに合わせて1日のスケジュールを立てます。起きてから14時間後にメラトニンという眠くなるホルモンが出ることがわかっています。つまり夜9時に寝かせるなら遅くとも朝7時には起こしていないと夜9時には眠くならないのです。

⑥ 入浴について

体温が急激に下がると眠くなります。熱めのお風呂に入ると体温が下がるまでに時間がかかるので、寝る直前ならぬるめのお風呂、その前なら熱めのお風呂でもいいでしょう。

⑦ 入眠儀式で習慣づけを

パジャマに着替える、歯を磨く、絵本を読んでもらう、布団に入る、電気を消すというように、毎日同じことを繰り返すことで「眠りにつく」ことの習慣づけをすることが大事です。

⑧ 休日も同じリズムで

保育園、幼稚園のある日は早起きをさせて、休日は家族でゆっくり遅くまで眠ると生活リズムが乱れます。平日と休日の誤差範囲は1時間までにしましょう。休日にいつもより数時間も朝起きるのが遅くなるようなら、前の週に睡眠不足があったということを示しています。

⑨ 子どもと触れ合う時間は朝か休日に

パパの帰宅が遅くて、それから2人で赤ちゃんをお風呂に入れる、帰宅に合わせて夕食や入浴の時間が遅くなり、それから子どもと遊んで夜が遅くなっていることが珍しくありません。親子の触れ合いももちろん大切ですが、動物としての生活リズムづくりも乳幼児期からしておかないとなかなか取り戻すことが難しいので、朝や休日にたっぷりとするなどメリハリをつけてください。もちろん、パパが遅いならその代わりをママが、ママが遅いならその代わりをパパが、あるいは他の方が担うこともありです。大人の事情にまき込まず、早寝早起きの習慣づくりが大切なのです。

8つのコツ

小学校中学年以降の眠ること

① 朝の光を浴びる（自分で起きる）

決めた時刻に目覚まし時計をセットし、自分で起きるようにさせます。休日も同じです。平日よりも1時間以上遅寝をさせないようにします。

② 朝ご飯を食べさせる

朝ご飯という栄養だけではなく、忙しい家族が揃っている確率の高い時間帯。少しだけ余裕のある食卓の工夫が必要です。朝食の下ごしらえに時間のかかることはしない、毎朝、メニューを変えることは必要ないなど、省けることがあります。朝は時間がないんですというお話を詳しく聞くと、無駄に手間をかけていることも少なくありません。

ときには、市販のもの、コンビニのもの、冷凍食品なども上手に利用して、洗い物も少なくするためにワンプレートにするなど、工夫してみましょう。

よく噛むことで脳も目覚めるので、家族と楽しい会話が弾めば、1日のスタートを順調に切ることができます。

③ メディア接触時間の制限をする

この時期は、学びの時間、からだづくりの時間が優先です。電子ゲーム、スマホ、タブレットなどのメディア接触時間は、やはり1日2時間までなど、親の管理が必要です。スマホなどは寝室に持っていかない、充電器はリビングにおく、寝る2時間前には親に渡すなどの約束を守らせてください。平日は全く使わない、休日には多少多めに使うなど、個別の事情に合わせてもいいでしょう。

時間だけでなく、何を見るか、何をしているか、誰としているか、などを親子で話し合うことができなければ持たせないこと。

好ましくない生活態度や変化がみられたら、話し合う、改善がなければ家族以外に相談するなど、早めに手立てを講じてください。

④ 平日2時間以上の屋外活動をさせる

体力、運動能力だけではなく、近視の進行を食い止めるためにも屋外活動が必要なことがわかってきました。学校の友達などと放課後活動をすることが大事です。からだを動かし、充実した時間を昼間過ごすことによって質の良い睡眠がとれます。

⑤ 親子で会話を（子どもの話に耳を傾けて）

乳幼児期以上に親子の会話が必要な時期です。良き理解者がいることは、子どもの自己肯定感を育てていきます。生活上安心感が子どもの質の良い眠りにも結びつきます。生活上の手がかからなくなってくるので、つい親も子どももバラバラに時間を過ごしてしまいがちです。子どもたちもそれなりに悩みや不安を抱えながら一生懸命生きています。子どもの話に耳を傾けて欲しいのです。それには、親のテレビやスマホなどのメディア接触時間にも制限を心がけ、子どもと一緒に過ごす時間をつくってください。

⑥ 夜寝る時刻を決める

なんとなく起きている、眠くなるまで待っているということでは、睡眠習慣は身に付きません。寝る時刻（遅くとも夜10時を目標に）を決めて、それに合わせて1日のスケジュールを立てます。寝る2時間前には電子メディア機器を使用しないことも心がけます。

⑦ 入浴について

小学校中学年以上でも入浴に関する一般的な注意は乳幼児期と同じです。入浴中にスマホを持ち込み使うことがないように管理しましょう。脱衣所、お風呂に入りながらなどの、ながらスマホは望ましくありません。

⑧ 休日も同じリズムで

学校が休みだからといって、家族でゆっくり遅くまで眠ると生活リズムが乱れます。平日と休日の誤差範囲は1時間までにしましょう。休日にいつもより数時間も朝起きるのが遅くなるようなら、前の週に睡眠不足があったということを示しています。

2 食卓は心も育つ場所

人間は食べなければ死んでしまいます。食事は、規則正しく、バランスの良いものを摂ることが大事です。

子どもは、母乳・ミルクから離乳食、そして幼児食を経て、大人と同じように食べるようになるまでに長い時間がかかります。その長い期間を通して、からだの栄養だけではなく心の栄養もとっているのです。しかし、離乳食のときから、テレビやスマホの画面に注目させて、その間に子どもの口に機械的に食べ物を運ぶ風景も珍しくなくなっています。また、スマホが鳴って家族の会話が中断することも多くなっています。食事の時間の大切さをもう一度見直しましょう。

学童期の食事、大切にしていますか?

小学校に上がり子どもが一人で買って食べたりすることができるようになると、保護者の子どもの食事への関心が薄れていきます。毎月、配られる学校給食の献立表に目を通している保護者は多くありません。その上、食事を囲みながらの会話は、早くしなさい、宿題をしてしまいなさいなどの指示や命令の連続で、楽しい食卓の会話とは程遠い家庭も少なくありません。

共に食べること

一緒に食べる、共食という行為はとても大事なことです。誰といつどんなものをどういう風に食べたかということは、子どものからだだけではなく心の成長にも大きな影響を与えます。

『孤食』は一人ぼっちで食べる風景を表している言葉ですが、一緒にいてもテレビを見ている人、スマホをいじっている人、新聞を見ている人……と、食卓を囲んでバラバラな光景になっていないでしょうか?

『個食』という言葉もあります。まるでレストランで各自が好きなものを食べているように食卓を囲んでバラバラに好きなものを食べている光景。準備する親も大変ですが、少子化になり、それぞれの好みに合わせて大変な労力をかけている親も見かけます。食べられなかった食材を食べられるようになった、生産者や流通にまで思いを馳せる、作ってくれた人にも感謝するなど、毎日の食卓で積み重ねていることは、「同じ釜の飯を食った仲間」という言葉で表されるように、生活を共にし、気持ちを共有し、苦楽を分かち合った関係を示しています。食事は、からだをつくる栄養だけではなく、心の栄養にもなっているのです。

忙しいからこそ大事な食卓

みんなが忙しい現代社会、たとえ毎日ではなくても家族が食事を囲んで楽しく団欒するひとときをつくる工夫をすることはできると思います。テレビを消すと会話が増えることもわかっています。スマホもオフにしましょう。

ゲーム機を持って公園で集まってゲームばかりしている友達も、たまには家庭に呼んで一緒に食事をする時間などをつくると、意外と子どもたちはゲームをしないで、日頃のことを話します。そういう光景を見ることで、自分の子どもの友達関係を知る良い機会にもなるでしょう。

こんな食生活を送っていませんか？

家での食事なのに
個々にバラバラ…

外食先でもバラバラ…

テレビ・スマホを見ながら、
家族がバラバラ…

食べることを豊かに

食べることを楽しみ、より豊かにするためのコツを紹介してみましょう。

7つのコツ　乳幼児期の食べること

①授乳中は赤ちゃんに向き合って

赤ちゃんは、おっぱいを飲みながらコミュニケーションを取っています。

赤ちゃんは、授乳のときに時々おっぱいを飲むのをやめます。すると大人は、「もうおなかいっぱいなの?」などと語りかけます。するとまた赤ちゃんは飲み始めます。こうやって、赤ちゃんは、大人からの関わりを引き出し、やりとりをしているのです。授乳しているパパやママがスマホの画面を見ていては、赤ちゃんとのアイコンタクトはできないのです。授乳中はスマホなどを見ないで、ゆったりと赤ちゃんに向き合いましょう。

②見ながら食べはNG

生後4~5か月にもなれば自分で食べたいものをつかむ、口に運んでいくということが身に付いてきます。自分で食べる意欲を育てる必要があります。食べることに集中できるように、気が散らないような場所で、テレビなどは消すこと。遊び食べ、だらだら食べをさせないように、30分で切り上げましょう。

③大人のスマホもオフにして

特殊な職業あるいは特別な場合を除き、スマホは食事中には必要ありません。

楽しんで、味わって、会話をして食卓を囲みたいのなら、ともに食事をする人は、スマホをオフにしてください。

食事中に大人がスマホを使っている姿を子どもに見せるのも好ましくありません。子どもたちはスマホに気を取られている親には話しかけにくいのです。

④食事はなるべく決まった時間に

５か月頃から離乳食を与え始めますが、離乳食を与える時間は一定にしておくと、生活リズムが整いやすいです。

⑤「自分で食べたい」に根気よく付き合って

自分でやりたい、自分で食べたい、自分が好きなものが食べたいなど「自分」中心の年齢です。

手づかみで食べることも自分で食べる第一歩。汚されることを恐れず、片付けしやすいように下に新聞紙を敷いておくなどの工夫をしてみましょう。

⑥マイブームの時期

「ばっかり食べ」「少ない、多い」「嫌いなものがある」などの心配事の多い時期ですが、いずれ卒業します。食べる量には個人差がありますので、身長・体重に問題がなければ心配いりません。

好き嫌いもはっきりしてくるのがこの年齢です。せっかく作ったのだから全部食べて欲しいという気持ちはグッと抑えて、叱ったりせずに笑顔で接しましょう。

⑦おなかのすく生活をさせる

室内でスマホやタブレットばかり見ていて、ほとんどからだを動かしていない、お菓子をだらだら食べている、寝不足で機嫌が悪いなどがあると食事は進みません。早寝早起き、外遊びをさせておなかのすく生活習慣づくりが大事です。

5つのコツ

幼児期後半から学童期の食べること

① 食卓はコミュニケーションの場

年齢が上がっても食事の時間は、なるべく誰かと一緒に過ごす時間として確保しましょう。好きなものに手をつけない、表情が暗いなどの様子に気づくこともできます。子どもの話に耳を傾けるチャンスの時間です。「美味しい」「まずい」だけの単語のやりとりになっていませんか?

食に関しても豊かな日本語がたくさんあります。例えば、シャキシャキ、サクサク、ぽりぽり、カリカリ、もぐもぐ、プリプリ、とろけるような、などです。実際に体験したときにこのような言葉に触れることもとても大事です。

② 「見ながら食べ」はNG

スマホやタブレットなどを見ながら食べるのはNG。テレビは消して、見たい番組があったら、録画するなどの対応をするのがよいでしょう。

③ スマホは全員オフに

緊急の用事以外は必要ありません。大人もスマホを使わないことが大事です。話しかけているのに、相手がスマホの画面を見ていたらどんな気持ちがしますか?

④ 決まった時間に食べる

生活リズム全体が整うように、食事の時間もある程度一定にしておきましょう。

⑤ 食育の場を大事に

食べることは、生きていくことに直結します。そして、社会とのつながりも知ることができます。豊かな食育の場として楽しく活用することをおすすめします。

〝お買い物〟から食を学ぶ
～スーパーで賢く～

子どもと一緒にスーパーマーケットで買い物をするときに、

「今日はカレーライスだけど材料は何かな？」「じゃがいもを見つけたら教えてね」など、一緒に買い物に付き合わせることをおすすめします。ママやパパが品物をとって子どもはカートに入れる役をさせると、子どもは喜んでやります。魚の名前やお惣菜の名前を覚えたり、触ってはいけないもの、そっと触らないといけないものを学んだり、順番を待つこと、買いたいお菓子も今日は我慢することなどを体験するとてもいい機会です。

帰りの荷物も体格相当の荷物を作ると運んでくれます。お手伝いにはいろいろな効用があるのです。手をかけてお手伝いをさせてやってほしいものです。

「食卓を触れ合いと豊かな学びの場に」

〝同じ釜の飯を食った仲〟という言葉があるように、食事の場は同席するもの同士の気持ちが通い合うのに最もふさわしい場です。家庭での毎日の食卓は、〝おふくろの味〟を含めて親子の関係を深め、親子の絆を強くする大切な場であることはいうまでもありません。

しかし、幼児期から学童期、場合によっては中学生期にさしかかっても、毎日の食卓をもっと豊かな知的刺激の場にしてしまう、チャレンジをしてみてはいかがでしょうか？

親子の会話の素材は食卓の上にあります。まず、第一は食材の名称です。魚でも野菜でも、その名前と産地を話題にしてみるのです（スーパーでは必ず表示あり）。そして壁に貼った世界地図や日本地図でその国や地方を一緒に探してみてはいかがでしょうか。

次は、食材の値段です。「野菜が高い！」「さんまが品薄で高値」「牛肉や豚肉が高くなるらしい」「乳製品も値上がりだって」……。

こうした話から、産地の干ばつや海流の異常、世界的な気候変動などの自然現象に興味を持つこともあるでしょう。輸入関税や貿易摩擦、為替相場などの国際関係に関心を持つ子どももいるかもしれません。「えっ!、外国でもまぐろのお刺身が人気なの?」と世界の食文化の変化を面白がる子もいるかもしれません。

食卓は、子どもが様々な方向に興味のアンテナを伸ばす知的好奇心の宝庫にもなるのです。

話してみよう

なぜ? を育む食卓ネタ

●食材の名前

●生産地（日本か外国か）

●旬のものかどうか

●価格

●調理方法
（焼く、煮る、炒める、生で食べるのか）

●調味料

●調理用具

●買ったお店、売っているお店

●親が子どもだった頃になかったもの
（調理道具、食材の今昔）

●名称について
（じゃが（（たら））いも、からいも、さつまいも）

●食器について
（陶器、漆器、磁気、ガラス器、金属、木材、プラスチック）

●気候、気象と食材の値段
（日照り、海流の異変）など

3 遊びは子どもの主食です

遊ぶことは、子どものからだと心の成長・発達にとって欠くことのできないものです。スマホやゲーム機でその〝子ども期の遊び〟が危機的な状態です。

人間を表す言葉にホモ・サピエンス（知恵のある人）という表現がありますが、ホモ・ルーデンス（遊ぶ人）という表現もあります。

子どもの日々の活動には、食事、排泄、入浴などの「生活」に関わる部分と「遊び」の部分があります。遊びは、子どもの主体的な活動で楽しみを追求して、緊張や安堵を繰り返し、一定のルールをつくり、状況に応じて変化させています。仲間と競い合ったり助け合ったり、ヒーローごっこのように役になりきったりする中で社会性も育っていきます。

遊びは、学童期以降も必要です。友達と一緒に遊び、夢中になれる体験を通じて社会性を身につける、遊びに必要な身のこなしや技術を身につける、仲間でありながら自分とは異なる他者の存在に気づく、具体的な役割を担うことを経験する、創造性や自発性を育てるといったことができるのです。さらに、遊びは、運動能力や体力、自律神経、筋肉や骨、目の働き、五感、言葉や脳の発達にも重要な役割を果たします。これらのことすべてが青年期の学ぶ意欲、学ぶ楽しさにつながっていきます。学校生活や地域活動を通して、知識が深まり、他者との関係も広がり、社会へ自立していく準備を整える時期を過ごすのです。

今、子育て中の親たちは、遊びが子どもの成長発達にとって大事なことを知らなかったり、どうやって子どもと遊んでいいかわからなかったり、遊ぶ場所がないと嘆いているなど、子どもの遊びを巡る状況は危機的になっています。それに加えて、ゲームやスマホで子どもの外遊びの時間が激減する中、親だけではなく、地域全体で子どもの遊びを保障していくことが大切です。

日本小児科医会は、ポスターを作成して啓発しています。

※このポスターは日本小児科医会の HP よりダウンロードできます。

電子映像メディアは遊ぶ時間と仲間を奪う

電子映像メディアに接している時間は、ほとんどからだを動かさず、会話もせず、自主的な活動は無に等しい時間です。習いごとや部活を除くと1日のうちスポーツや外遊びの時間が小、中、高校生の全てで1時間以下になっています。遊びには、自主的に楽しみを追求して、からだを動かす・頭を使う・仲間と協力する、五感を使うなど、下記に掲げているように成長発達に必要な多様な要素が含まれています。テレビやDVDを室内で見たり、外でスマホやタブレットを見たりしている時間は、仲間と協力したり、言葉を交わしたりという実際の体験活動の時間を奪ってしまいます。

アウトメディア（第5章）に取り組むと、遊ぶ時間が増えた、友達といろいろな体験活動ができたなどの成果が報告されています。

電子映像メディアを楽しんでいることが、実は、大切な時間を奪われていることに気がついて欲しいのです。

「大人の自分を支えてくれるのは、子ども時代の自分」という言葉もあるように、子ども時代の仲間との遊びの時間、群れる時間は貴重なのです。

遊びの効用

- 歩く、走るなどの全身を使った運動、つまむ、かく、ひねるなどの手先を使った運動能力を伸ばす
- 季節、温度、太陽、風の変化などを感じて、五感や固有感覚などの感覚器を発達させる
- 汗をかいたり、緊張したりして自律神経を発達させる
- 言葉を交わすことによって、語彙を増やし、言葉の使い方を学ぶ
- 見る機能（視力、奥行き、動くものを見る）を育てる
- 自分や相手の気持を知り、助け合うことや主張することや我慢することを学んで人間の基礎づくりをする
- しっかり遊ぶとおなかが空き、十分食べるようになり、そして質の良い睡眠にもつながる

遊びと学びを豊かに

遊びながらからだをつくり、学びながら豊かな心を育む時期です。スマホやタブレットに頼ることなく、豊かな子育てを楽しみましょう。そのためのいくつかのコツを紹介します。

3つのコツ

乳児期の遊ぶこと

誕生から3~4か月頃までは、1日の2/3くらい眠っています。飲む、排泄する回数も多いのもこの時期です。この時期は昼夜の区別がつくように、明るくなった朝には起こされ、周囲に声をかけられたり抱っこされたりして過ごし、夜には暗い環境で寝かされるのがいいのです。

2か月くらいから、起きている時にときどきうつ伏せにしてあげて赤ちゃんの正面から赤ちゃんを見ると、首を持ち上げて一生懸命正面にいる人の顔や目を見ます。抱っこして、お部屋の中を歩く、ベビーカーで散歩しながら声をかけるなどをするといいでしょう。

首が座ってから1歳頃まで

この時期、一番のおもちゃは、大好きな人の声と手と顔。話しかけ、赤ちゃんを抱っこし、声をかける、歌をうたうなど、たくさん赤ちゃんと触れ合ってください。

飛行機ブーンとか、芋虫ゴロゴロ、おすわりができるようになったら、ギッコンバッタンやお馬さん（親が四つ這いになって馬になる）、よちよち歩きや階段上りも赤ちゃんにとっては楽しく、次の発達段階への準備になります。

公園では、砂をいじったり、ブランコに抱っこで乗ったりと、毎日体験することが遊びになります。乳児期半ば頃より絵本の読み聞かせもしてあげてください。見るもの、触るもの、聴くものすべてが、子どもの遊びであるということです。

①大人が相手をする

赤ちゃんにとってのおもちゃは、大人（親）の顔、手、声です。赤ちゃんとの時間を十分に楽しんでください。

②言葉をかける

周囲で起きていることを実況中継

ママは今、大根切ってますよ～。／お洗濯物干してますよ～。／今、カーテン開けますよ～。／今、お尻キレイキレイしてますよ～。／おててパチパチ上手ですね～。／もぐもぐごっくんね。／あら！ いいお顔！／今日は風が強いですね～。

赤ちゃんのいいたいことを想像して、言葉に

おなか空きましたね～。／オムツが濡れて気持ち悪いですね～。／美味しいですね～。／びっくりしたね～。／これに触りたいのね。

③おもちゃや道具を使って語りかける

引っ張る、めくる、入れる、取り出す、つかむ、押す、叩く、破るなどの動作が楽しい時期です。身近にあるもので一緒に遊ぶことが赤ちゃんの成長に役立ちます。

楽しんで！ 赤ちゃんとのコミュニケーション

9～10か月健診で、おててパチパチやバイバイなど大人の真似をしますか？と聞きますが、「しません」と回答する親が増えました。お母さんの膝に抱っこしてもらい、目の前に積み木を1つ差し出すと、すぐに手を出す赤ちゃんもいればしばらくじっと見ている子もいます。お母さんの顔をチラッと見上げる赤ちゃんもいます（どれも正常です）。ほとんどの赤ちゃんが手にとった積み木を口に持っていき舐めます（これも正常です）。

赤ちゃんは、自分の真似をされるのも喜びます。つかまり立ちをして、テーブルをバンバン叩いている赤ちゃんのそばに寄って同じように叩くと、あれ？ という表情をしてしばらく考えていますが、またバンバンとします。赤ちゃんは、音の出る太鼓など音のするおもちゃが大好きです。ねえねえといえばなあに？ と聞いてくれるようなコミュニケーションの芽生えです。その時期にスマホやテレビを見せ続けたりしないで、その時期にしかできない触れ合いを楽しんでください。

4つのコツ

幼児期の遊ぶこと

からだが自由に使えるようになって、からだを動かす遊びが大好きな時期です。ブランコ、滑り台、ジャンプ、凸凹道や砂利道を歩く、傘をさして歩く、穴をくぐる、縄跳び、まりつき、ボール遊び、かけっこ、かくれんぼ、水遊び、泥んこ遊びなど、たくさんの遊びがあります。木や葉っぱ、石もおもちゃにしてしまうのがこの年齢です。

室内では、かるたや盤ゲーム、トランプ、将棋、あやとり、折り紙、工作、お絵かき、楽器演奏など、遊びの幅も広がってきます。大人が関わらないとできないこともまだたくさんあるので、子どもと一緒に遊んでくれる大人の存在が欠かせません。また言葉も増えてくるのでしりとりや逆さ言葉探し、なぞなぞなどの言葉遊びも盛んに楽しめる時期です。

①危険なこと以外はしたいことをさせましょう

失敗も貴重な体験です。大きな失敗をしないためにも小さな失敗で自分の能力を知ることが大事です。

②子どもの遊びに気長に付き合いましょう

時間のルールは親子でつくりますが、子どもが遊びきる、遊び尽くす時間を持つことはとても大事なことです。親の都合で遊び時間や内容が細切れにならないようにしましょう。

③なるべく歩かせてください

クルマや自転車に乗せて移動、ベビーカーで移動……など時間の効率を優先して子どもが自分の足で歩く時間が激減していますので、なるべく歩かせるように保護者は付き合ってください。足は歩くことで育つのです。

④お手伝いをさせましょう

大人の真似をしてみたい、やってみたい、できた、役にたった、ほめられたの経験の積み重ねは、生活力や自己肯定感を育みます。

スマホを消して子どもと遊ぶ

幼児期以降の遊びは、「楽しい」「面白い」そして「心地よい」を堪能する自由な子どもの活動です。そして、子どもが自らその遊びを発展させるという特徴があります。生活の中で大人の真似やお手伝いをすることも子どもにとっては楽しいものです。

幼児期

屋外では…

かくれんぼ、くすぐりっこ、おしくらまんじゅう、ごっこ遊び、ブランコや滑り台、砂場遊び、なわとび、ボールを蹴る、投げる、的に当てる、自然と出会うこと（虫、葉っぱ、風や雨も遊びの体験として重要）

屋内では…

折り紙、ちぎり絵、お絵かき、ねんどやクレヨン、はさみ、のりなどを使った工作などのほか、おもちゃも年齢や個性に合わせて子どもの要求を満たしてくれるものがあります。
トランプや将棋、しりとりなどの言葉遊びなども4歳頃から楽しめます。

学童期

外遊び、群れ遊び、地域行事への参加、サイクリング、街中探検キャンプなど未知の世界へ誘ってくれるものは、学童期の子どもには魅力的です。美術館や博物館など知的活動も喜びます。辞書を使った遊び、クイズなども人気があります。

5つのコツ 学童期以降の遊ぶこと、学ぶこと

幼児期より、さらに知的活動が広がり、遊びから学びへと発展していくのが学童期以降です。生活リズムを整え、学習活動が円滑にいくように環境整備が大事です。

学童期後半は、思春期に入り、自分を確立させていく時期です。楽しくないこともコツコツやるなどの勤勉性も育てる必要があります。

① 群れ遊びの場と時間の確保

少子化の時代、子どもを放って置いたら、色々な経験を他者と共有する機会はなかなかありません。群れ遊びもなかなか難しいのですが、家族ぐるみで付き合う、よその子も食事やキャンプに誘う、子ども会の企画・準備などに参加させるなど、地域ぐるみで大人の配慮が必要になるでしょう。

② 知的な活動へ誘う

図書館、博物館や美術館などに行く、文字を通して未知の世界へいざなってくれる読書の勧めなど、学校と連携もしつつ家庭で地域でできることがたくさんあります。

③ 子ども自身が得意と苦手を知る機会をつくる

子どもはみんな個性的で、子ども自身の人生の主人公です。子どもの得意、苦手を知って、得意を伸ばして苦手に上手に対応する術を身に付ける時期です。

④ 「子どもの好き」を見守る

子どもの好きが得意とは限りませんが、好きを否定せず、見守ると、子どもは安心します。安心すると元気とやる気、自信が生まれます。

⑤ 屋外活動の時間を確保しましょう

今の子どもたちは、ほとんど屋外にはいかないので、屋外で過ごす機会をつくりましょう。通学、買い物、習い事、外遊び……安易に乗り物を利用せず、歩くことでも屋外にいる時間を増やせます。キャンプや川遊び、山登りなどの自然体験の機会もつくるとよいでしょう。近視が進まないためには、1日2時間以上、1週間に14時間以上、屋外の光を浴びることが推奨されています。

砂場で遊んでいるときに何が育つの？

砂に触れれば、砂の感触（ジャリジャリ、サラサラ、しっとり、パサパサなど）を知ります。砂をつかんだり、握れば、もっと砂の性質を知ることになります。乾いた砂だとカップに入れても、山を作っても形が作れず崩れてしまうことも知ります。砂を掘れば、どこまで掘れるのかワクワクします。山を作れば高い山を作りたいと好奇心が芽生えます。完成すれば嬉しさと達成感を感じ、失敗したら悔しさや怒りなども感じ、今度はどうすればいいかを考えたりします。

水を運ぶときには、水の重さや量を知ることになります。同じ砂場を使っている子どものおもちゃを貸したり借りたりもします。貸してくれないときの気持ちや貸せない気持ち、貸してあげてありがとうといわれる体験もするでしょう。何か一つするごとに「見て！見て！」といい、パパやママにすごいね、それでいいという承認も得ます。数人で遊べば、役割分担を決めて、その役割を果たすこともします。外の気温も肌で感じています。近くの草花の匂いも感じています。頭やからだ、心を自由に使って過ごす遊びの時間と空間。今日は砂場で遊ぶといえば、子どもはシャベルやバケツの準備が必要なことを学び、使うおもちゃも選択します。「もう帰る時間ですよ」といえば、楽しいこともやめなければいけないということも学びます。砂場遊びだけでもこんなに子どもの成長を促すことがたくさんあるのです。

4 愛されて育つ自己肯定感

乳児期にしっかりとした愛着形成がなされることが、その後の人生にとっていかに重要であるかがわかっています。愛着が形成されないと愛着障害といわれる状態になり、様々な問題を起こします。

愛着は、毎日「愛してるよ」といい続けても形成されません。乳児の要求に適切に応答的に応えるという毎日の数えきれないやりとりの積み重ねが必要です。親のスマホ漬け、テレビやスマホに子守りをさせたり、泣き止ませる手段に使うことはこういった大事なやりとりを激減させることになるのです。子どもは、愛着を形成した相手を安全基地として、探索行動をすることができるようになっていきます。

さらに、無条件に存在を認めてもらうことによって自己肯定感（欠点も長所もある自分だけれどそれでOKなのだという感覚）を持つことができるのです。

いわゆる児童虐待だけではなく、比較されたり、辱められたり、否定的な言葉がけや無視されることが続くと自己肯定感は育ちません。

日本の子どもたちの自己肯定感は、各国比較でいつも際立って低いことは有名です。子どものために良かれと思っ

愛されていることを感じさせるためのポイント

やってほしくないこと

- 他の子どもと比較する
- 行動や人格を否定する
- 命令や一方的に指示をする
- 親の思い通りにしようとする
- 感情にまかせて叱る、怒る、怒鳴る
- 辱める
- からかう
- 嫌味を言う
- 悪口を言う
- どうしてできないのと責める
- 叩く

やってほしいこと

- 子どもの話に耳を傾ける
- 一緒に考える
- 子どもの存在そのものを認める
- 子どもの好きなことに関心を寄せる
- 子どもの発達に合わせた環境を用意する
- できていることはほめる

ていることが案外、子どもを傷つけていることが多いのです。子ども自身が親から愛されていると感じるためには、日常生活で安心して過ごせる環境を整えること（経済的な安定性やきちんとした食事の用意、温かな家庭生活など）、さらに言葉がけも大事です。

自分が子どもに発している言葉を振り返ってみましょう。予想以上に子どもを傷つけているかもしれません。子どもの腹痛や頭痛、暴力的な言葉や態度の背景に、こういった親からのやってほしくないことが家庭内で起きていることが珍しくありません。

親が変われば子どもが変わるというのも真実です。愛されていることを実感するには、自分の話に耳を傾けてくれる大人、適切なアドバイスをしてくれる大人、自分の気持ちに共感してくれる大人、きちんと説明してくれる大人などが必要です。それには、子どもと過ごす時間が必要です。

その時間が、スマホなどに奪われていませんか？

「お母さんに話を聞いてほしいのに、お母さんがいつもスマホを見ているので話しかけられない」

「自分が話しても聞いてくれている感じがしない」という子どもの声を聞くことがあります。逆に、「食事中もずっとスマホばかり見ていて、ろくに口を聞かない」と子どもに手をやいている保護者の声も聞きます。

家族だからこそ、すれ違うとその影響は大きく、親子関係の修復が必要なまでに傷口が広がっている場合も少なくありません。スマホより、目の前の子どもをちゃんと見て話を聞いてほしいものです。

家族に愛されているという実感が、学童・思春期になって、家族以外の多くの人との関係を築いていく基盤になります。家族、地域の中で自分の居場所がある、自分の居場所を見つけることができることが、その後の人生をさらに安心で豊かなものにしてくれるのです。日本の若者の自殺が増え続けている、自己肯定感の低い子どもたちが世界の先進国の中で最も多いという事実を直視して、今できることをすることが大人の責任だと思います。

何が大事かをあらためて考えて、スマホ社会の落とし穴にはまらない子育てを心がけたいものです。

子どもにスマホやタブレットを見せないと家事ができない?!

やりたいきもちを育てる

子どもの〝できる〟〝できた〟を育てよう

「スマホやタブレットを見せないと家事ができない！」というお母さんがたくさんいます。核家族で、お母さんと子どもしかいないとそうかもしれません。しかし、「家事の間だけ」という理由から、スマホやタブレットを見せ続けていたら、それだけで子どもはメディア漬けになります。

家事といえば〝小さな子どもには無理〟と考えがちですが、1～2歳の小さな子どもは大好きな大人がしていることや周囲で起こっていることに関心があってまねをしてみたいのです。効率は悪いし、失敗しないように見ていなければならないし…と、本人が満足できるようにさせるには大人の手間がかかります。それでも子どもの好奇心や関心を満たしていくことが、その子の心身の発達をより促すことにつながっていくのです。子どもにとって家事はとても魅力的な遊びです。やって

食事に関してのお手伝いでは…

家族の食器をそろえる

壊れない物を運ばせる

調理の一部をさせる（トマトのヘタをとる、絹さやの筋取り、米研ぎなど）

テーブルの上をふかせる

みたいという気持ちから、やってみようという意欲が生まれ、させてもらったことによって、自分への信頼感を感じ、できたことによって達成感や役立ち感を得て、自己肯定感が育てられていきます。基本的に子どもたちは「やりたがり」「知りたがり」です。「洗濯物をママにちょうだい」といって、子どもから受け取り、お母さんが干したり、片づけや掃除も子どものできることをさせたりしてみてください。少し大きくなれば、もっと一緒にできることが増えてくるはずです。

子どものやる気と、課題を乗り越えた子どもの喜ぶ姿は親にとってもうれしいものです。

子育ては、確かに大変な部分がありますが、小さな子どもと一緒に暮らし、育てていくことは、本来、とても楽しいことだと思います。親も子どももメディア漬けの生活ではこういった時間も作れませんし、気づくこともありません。ぜひ、スマホやタブレットなどを消してその子にあったお手伝いを意図的にさせ、子ども自身のできる、できた体験を増やしてみましょう。

お庭では…

水まき、水やり、
手紙や新聞を運ぶなど

洗濯に関してのお手伝いでは…

洗濯物を洗濯機に入れる、
量った洗剤を所定の場所に
入れさせる、脱水の終わった
洗濯物をかごに移させる、洗濯
物を干す、乾いたものをたたむなど

家事の間では…

赤ちゃんのときはオンブを
する、料理している様子を
見せるのも良いでしょう

1人で遊べるおもちゃなどを与えて声をかけたり、
言葉が使えるようになったらしりとりなど
言葉だけで子どもにつきあえる方法をとります

愛されていることを感じさせるために

子どもが愛着形成から自己肯定感を育てることができるように育っていくためのポイントを紹介します。

6つのコツ

乳幼児期の愛されていること

①赤ちゃんの生理的欲求には、速やかに適切に対応すること

おなかが空いた、オムツが濡れて気持ちが悪い、暑い、痛い、調子が悪いなど、ほとんどすべての不快なことを「泣く」ことで赤ちゃんは表現します。

その「泣く」の意味を一緒に生活している養育者が察して、速やかにオムツを替えたり、授乳したり、抱っこしたりして泣き止ませているのです。泣き止ませるのに、あやしたり抱っこをせずに、いきなりスマホの画面で泣き止ませようとするのはNGです。

②静かに穏やかに接すること

赤ちゃんも周囲の雰囲気を察します。罵倒が飛び交う家庭、ギクシャクした人間関係の中で育つのは好ましくありません。また乱暴に扱うこともせず、静かに丁寧に穏やかに接してください。赤ちゃんも全身全霊で生まれてきたこの世界を知っていく存在です。言葉のわからない赤ちゃんにもいっぱい話しかけてください。親がスマホやタブレットに夢中で赤ちゃんの存在を無視するのは論外です。

③スキンシップは大事

優しく触られることや抱っこされることは心地良いものです。カンガルーケアやタッチケアやベビーマッサージなどにも応用されています。赤ちゃんの世話をするときには、ほとんど必ず赤ちゃんを抱っこしていると思いますが、ベビーチェアに座らせっぱなしにしたり、スマホやタブレットを与えっぱなしで、赤ちゃんを一人ぼっちにしないでください。

④子どもの生活を優先

赤ちゃんは、誰かが世話をしなければ生きていけない弱い存在です。赤ちゃんの心身の発達を保障することが大人の義務ですので、赤ちゃんの生活を優先させましょう。夜

遅くまでDVDを観たり、パソコンをしたりしている側で過ごさせたりなど、大人の生活に巻き込まないようにしましょう。

朝は赤ちゃんを起こし、授乳や離乳食を与え、赤ちゃんと遊ぶ、外に連れて外気に触れさせ、陽の光を浴びさせ、街の様子や自然に触れる時間を大事にしましょう。そして夜には暗くして早めに寝かせるという習慣をつくることが大事です。

幼児期になっても大人の生活に振り回されない、子どもの発達の保障を優先にした環境を保つことが大事です。

ですから、夜のカラオケボックスや遅い時間帯に居酒屋に同席させる、深夜のコンビニに子ども連れで行くなどはNG。レストラン、病院の待合室などで子どもが騒ぐから待ち時間にスマホやタブレットを持たせて大人しくさせるなどもNG。外出先を大人の都合ではなく、子どもの発達年齢や個性に合わせて選ぶ、根気よくしつけるなどの対応が大事です。

電車に乗ると騒いで困る場合は、騒いだら一旦降りるなどしましょう。レストランでじっとしていないなら、レストランはまだ無理だということです。しばらくの間です。レストランに行くのは控えましょう。

⑤ 危険でない限り、やりたいことはさせてあげること

子どもは冒険心のかたまりです。〝ダメダメ〟というのではなく、ときにはやさしく見守ることも愛情です。

⑥ しつけは、気長に

人を動かすための有名な言葉があります。

「やって見せて、言って聞かせて、やらせてみて、ほめてやらねば、人は動かず。」（山本五十六）

ダメダメでは何がダメなのか、ダメダメではなくどうしたらいいのか、お手本を見せて、言葉で説明して、やらせてみて、少しでもできたらほめて、最後までできるようにしていく。このようなプロセスがしつけにも必要です。叩く、脅かす、怒鳴るなどは効果がないばかりか、子どもの心に怒りや悲しみ、恐れが残り、自己否定感や無力感さえ持つようになる弊害がわかっています。

叩いたり怒鳴ったりするしつけが思春期まで続けば、心身症の発症や非行などの問題行動に発展しますし、社会人、親になったときに問題解決を暴力的な方法でしかできなくなってしまう傾向があるのです。

6つのコツ 学童期以降の愛されていること

① 規則正しい生活リズムが大事

心身共に健康でいるために、やはり大事にしたいのが生活リズムです。

スマホを持つようになると、就寝時刻が遅くなる、睡眠時間が短くなるなど、生活リズムが急に乱れることが多くなります。スマホの使用時間、内容などをしっかり管理してください。

② 一人の共同生活者として認める

幼児期のしつけで触れた山本五十六の言葉の続きをご紹介します。

「話し合い、耳を傾け、承認し、任せてやらねば、人は育たず。やっている、姿を感謝で見守って、信頼せねば、人は実らず。」

まだまだ、心もとない学童期と思われがちですが、家族という生活単位の中で、学校という集団生活の中で、嫌なことも引き受けつつ毎日それぞれに一生懸命生きています。子どものために、子どもだからという理由で、子ども扱いするのは避けたいものです。

③ 子どもの世界が広がるような体験の機会をつくる

家庭や学校だけではできない体験のできる機会を見つけて、子どもの参加を促してください。地域の季節行事、ボランティア、キャンプなどの自然体験、宿泊合宿、旅行などで、新たな人と人とのつながり、信頼できる人との出会いなどで、子どもは世界が広がり目覚ましく成長します。

④ 話を聞く、聴く

学校生活が始まると、習い事、塾、部活などで子どもはますます忙しくなります。家族と一緒にいる時間も短くなりますが、一緒に食事をする、一緒に外出をするなど、共にいる時間を確保する工夫が必要です。そして、前述したコツを使って子どもの話に耳を傾けて上手な言葉がけをしてあげてください。

「お母さんもお父さんもちっとも話を聞いてくれない」「わかってくれない」と訴える子どもは少なくありません。

⑤ 心の抱っこを忘れずに

からだは大きくなっても、まだまだ社会的体験も少なく小さな世界で生きている子どもたち。ネットで多くの情報に触れているかもしれませんが、直接体験は圧倒的に少なく未熟です。ですから、不安や困りごとを抱えていると甘えてきます（わがまま、反抗など、甘えとはわかりにくい場合も多いです）。

赤ちゃんや幼児期のように抱っこはできないでしょうが、心の抱っこはできます。それが話を聞き、耳を傾け、共感して一緒に考えることなのです。

⑥ 自分以外の他者のために時間とエネルギーを使う

スマホやゲーム機と向き合う時間が増えると、ナマ身の人間との関わりがどうしても希薄になってしまいます。しかし、「自分は今のままでいいのだ」「今の自分は誰かに必要とされている」といった感覚、自己肯定感は、他者とのナマ身の関わり合い、具体的には、他者のためにどれだけ自分の時間とエネルギーを使ったかによって育まれるレベルが決まります。

子どもの時期に、「ありがとう」「おかげさまで」といった言葉をどれだけもらいながら育つのかで、その子の人格形成は大きく左右されるのです。

「少年よスマホを置いて　野に出でよ」

愛されることと自己肯定感

ヒトが生きていく上で、他者からその存在を肯定的に評価される、つまり「愛される」ことが大切なのは、乳幼児期に限りません。学童期から思春期にかけても、他者と語り合い、共に汗を流し、他者と共感の眼差しを交わし合う体験の積み重ねで、ヒトは自らの存在の意味をつかみとってきました。ヒトが生きていく上で基本的な土台となる自己肯定感は、他者との濃密な関わりの中で育まれてきたのです。

しかし、日本の子ども・若者の自己肯定感は、度重なる国際調査で他国と比較して際立って低いことが明らかになっています（23ページ参照）。そして、35歳以下の若者・子どもの自殺率は日本が世界一高いのです。これは、子どもたちが育つ生育環境の中に何らかの病理が潜んでいることを示唆しています。家庭なのか、学校なのか、地域社会なのか、はたまた政治状況なのか。いずれにせよ、子どもたちは誰かに「愛されている」という実感が極めて希薄なまま生きているのでしょう。

そして、スマホ社会です。ネットに浸る時間がますます肥大化していく中で、子どもたちの心の孤独はさらに深くなっています。ネットの世界では気軽に言葉を交わし合い、共感や同調というその場限りの関係がつくられます。しかし、そうしたかりそめの関わりは、心の空白を本当に満たしてくれるものにはなり得ないのです。

子どもたちを自殺に追い込まないために、「必要とされている」「愛されている」というナマ身の人間関係を家庭で、学校で、そして地域社会で、どう取り戻すのか、大人たちが問われています。

13～29歳男女に聞きました

「自分自身に満足している?」と答えた割合

- 日本 45.8%
- ドイツ 80.9%
- 米国 86.0%
- スウェーデン 74.4%
- 英国 83.1%
- 韓国 71.5%
- フランス 82.7%

13～29歳男女に聞きました

「将来に明るい希望を持っている」と答えた割合

- 日本 61.6%
- 韓国 86.4%
- 米国 91.1%
- フランス 83.3%
- スウェーデン 90.8%
- ドイツ 82.4%
- 英国 89.8%

出典：「自己肯定感に関する世界7か国の比較調査結果」2014年　子ども・若者白書

第5章

スマホ社会から子どもたちを守るために

第5章

スマホ社会から子どもたちを守るために

子どもたちのまわりに、スマホをはじめとする様々な電子メディアが氾濫する現代社会。メディアに振り回されない「主体性」を育て、さらには子どもたち自身が本書で指摘してきたような「発達の遅れや歪みの危険から身を守る力」を育てるにはどうすればいいのか。教育現場で取り組まなければならないメディア対策のポイントが2つあります。

そのひとつが、他の先進諸国に大きく遅れている「メディア（ネット）・リテラシー教育」です。スマホ、ネットゲーム、テレビ、パソコンなどへの接触時間が異常に長く、多種多様な情報に日夜さらされている日本の子どもたちに対する教育としては、極めてお粗末な状態です。義務教育段階で正式なカリキュラムとしての位置づけもなく（現在の情報モラル教育は似て非なるもの）、教師への研修もほとんどありません。そしてもうひとつが、ゲーム、スマホなどの〝メディア漬け〟の生活から子どもたちを脱出させるための「アウトメディア」の取り組みです。

この章では、教育現場でメディア対策に取り組む際のポイントを5つのステップに分けて提案し、教育現場や家庭からの具体的な疑問、質問にQ＆Aの形式で答えています。また、この章では家庭や学校でメディア対策に取り組む際の調査用紙、チャレンジシート、心得、ルールも紹介していますのでご活用ください。

スマホ・ネットゲームの長時間接触による問題点と危険可能性

子どもたちや保護者へ〝どうしてメディア対策を実施するのか〟を伝えるときには、
次のようなことを強調し、危機感を持ってもらいます。

①生活リズムの乱れ

②学力の低下

③外遊びの減少による筋力の低下

④視力低下

⑤自己コントロール能力の低下

⑥言葉の力、コミュニケーション能力の低下

⑦ネット依存、ゲーム障害

⑧体調不良

⑨いじめなどの人間関係トラブル

その他、ネットを介した事件の被害者、加害者、有害情報へのアクセス、課金問題、
迷惑メール、チェーンメールによるトラブル、SNS での危険な出会いなど

教育現場でのスマホ・メディア対策

学校や地域社会独自の電子メディア対策を実施するところが出始めています。こうした取り組みが全国に拡大して、子ども達がメディア全般についてその危険性も含めて学ぶ機会を設定することが緊急に必要です。

STEP 1

メディア接触の実態を把握する

スマホなどの実態調査を行う

メディア対策はまず、〝スマホで何をしているか〟〝どんなメディアにどれくらい接触しているか〟を晴れた日の平日、休日をそれぞれ1日選んで調べます（実態調査用紙例110ページ参照）。園児と小学校低学年は保護者に記入してもらい、小学校中学年以上は自己記入にします。

調査の集計

集計は、平日、休日別に学年、年齢ごとの最短、最長、平均接触時間を出し、平日休日の1時間以下の割合、平日6時間以上、休日10時間以上の割合を把握しておきます。また、夜10時以降の接触の実態も把握します。生活指導、学習指導に有効なデータとなります。

実態調査結果はデータとしてまとめて、家庭へも配布し、現状を認識してもらいます。そして集計は、平日・休日別に、メディア総接触時間を最短・最長・平均時間など、学年ごとにグラフ化するとわかりやすくなります。午前0時以降の実態などにも触れるとよいでしょう。

どういう問題が、子どもたちの生活で発生しているか 実態調査から見えるもの

- 子どもの１日の過ごし方
- スマホやタブレット、テレビなどのメディア接触時間
- ゲーム機やスマホでのゲーム時間
- 外遊び、屋外活動の時間
- 学習、読書の時間
- 起床時刻、就寝時刻、睡眠時間
- 学力との関係

さらに、体力との関係や、体力・運動能力調査結果との関係、視力調査との関係もわかります。

STEP 2

メディア対策の必要性を共有する

実態調査から見える〝スマホ・メディア漬け〟の問題点、ネット使用の〝危険可能性〟などについての問題意識を教職員、ＰＴＡ役員、園医や学校医などで共有し、メディア対策の重要性、必要性について共通の認識を持ちます。

県教育委員会や、市町村教育委員会が持っている過去50年（祖父母、親世代が子どものころ）の体力・運動能力や視力の変化データなどがあると危機意識の共有に役立ちます。子どもの現状がわかる近年のデータとメディア接触があまりなかったと考えられる年代のものを示して比較しましょう。

〈危機意識に役立つ調査データ例〉

・文部科学省や自治体の学力調査データ
・体力、運動能力の推移データ
・不登校（率と実数）
・学校保健統計調査（視力低下など）
・スマホの所持率を含めた実態
・児童生徒の暴力件数　　　など

＜共有したい問題点＞

テレビ・ネット・ゲーム問題では

① 暴力シーンが攻撃的行動を増大させる
② 長時間視聴が運動不足、睡眠不足を助長し、体力低下や肥満の原因となる
③ メディアから得た性情報が性行動を低年齢化させる
④ テレビ視聴と喫煙の有無が関係する
⑤ 長時間接触が学業成績低下へと関連する
⑥ 自己肯定感が育たない　　など

スマホ問題では

① ネット依存症の心配
② SNSでの出会いの危険性
③ 迷惑メールやいじめなどの被害について　など

問題意識を共有し、危機感を持つために話し合いの内容は教職員だけはでなく、校外の関係者にも伝える。

STEP 3

メディア対策の構築と目標の設定

各役割と体制づくり

メディア対策は、養護教諭などの一部の教師やPTA幹部だけの取り組みではうまくいかなかったり、長続きしなかったりすることがあります。園長、校長、教頭をはじめ教職員、PTA会長以下の役員、各種学校医、地域の保健師が一体となって学校保健会などで取り組むと目覚ましい成果につながります。

目標を立てる

実態調査をもとに短期、中期の目標を決め、教職員とPTAで共有します。学校におけるメディア（ネット）リテラシー教育をすすめるとともに、メディア接触時間の短縮、生活リズム（就寝時刻）の見直しや徹底、読書量、学習時間、屋外活動、歩行歩数などの具体的な数値目標を出し、次回実態調査の際に比較検証が可能なようにしておきます。

メディア対策づくりにおける役割

園・校内管理職

・メディア対策のリーダーシップ
・情報収集における管理、責任
・校内（園内）外の取りまとめ
・教育委員会、地域との連携、連絡

養護教諭、担任ほか教職員

・メディア（ネット）リテラシー教育
・子どもの状況把握
・家庭（保護者）との情報連絡
・アンケートや実態調査、配布資料の作成
・問題行動のある子どもへの個別指導（生活面、学習面など）

PTA関係者

・学校（園）教職員と協力して保護者への啓発運動
・学習会、勉強会、講演会などの実施
・アウトメディア行事のリーダーシップ

学校医、保健師

・必要に応じた（子どもの発達、発育）情報提供
・専門家の立場からの情報分析とアドバイス
・個別指導の支援

STEP 4

本書などをテキストに事前の啓発、学習を行う

保護者へ

教職員、PTAで子どもとメディア問題についての研修、講演会、学習会などを開催してメディア対策の目的などを確認し、危機感を持ってもらいます。

子どもたちへ

教師が直接語りかけて、ネットリテラシー教育を推進し、メディア対策の意図を周知しておきます。児童生徒が参加する保健委員会での活動議題にするのもよいでしょう。

保護者への資料を作成するときには

メディア漬けによる危険性を、本書などを参考に、園・学校だよりやほけんだよりなどで改めて具体的に知らせます。

学習指導のポイント

1．実態調査の結果の共有

事前に行っている実態調査をまとめ、子どもたちに見せます。スマホをしている、テレビを見ている時間やゲームをしている時間がどのくらい多いかや、勉強、屋外活動の時間などと比べたときの実態を確認しましょう。

2．メディア長時間接触についての話し合い

スマホやゲームを使い過ぎると心配なこともあるということ、生活にどう影響があるのかなどを話し合います。

例1：スマホの使い過ぎや、ゲームをし過ぎたときにからだに出る症状は？
→目が疲れる、乾く。頭が重くなる。眠れなくなったなど

例2：スマホを見ていたり、ゲームをしたりしているとすぐに時間が過ぎてしまいます。失敗したことは？
→勉強をする時間がなく、宿題を忘れた。睡眠時間が減ったなど

3．スマホやゲームなどが心やからだに与える影響、事件や事故について知る

専門家の先生がいっていること、研究されていること、社会的に問題となっていることや過去の事件からわかったことなどについて学習します。

4．メディアとの付き合い方についての意見や感想を出す

メディアとの接触で工夫できること、できそうなことについての意見交換やワークシートなどへの記入をします。アウトメディアなどというメディア対策の取り組みがあることも説明して、実際のチャレンジにつなげるようにまとめます。

STEP 5

アウトメディアにチャレンジ

チャレンジ期間を明確にする

メディア対策は、皆で取り組むことに意味があります。最初は特定の1日とし（例えば1月15日とか毎月第2火曜日とか）、実施結果を検証した上で、日数を増やしていきます。毎月第2週とか、夏休み、冬休みの10日間となっても、全校にポスターなどで明示し、チャレンジであることを強調し続けます。

取り組むとよい時期

- メディア接触時間が増えることが予想される**夏休み、冬休みなどの長期休暇。目の愛護デー、体育の日**などでも、視力低下や運動、外遊びの大切さを強調でき、効果的です。
- 中学校などでは、**定期テスト前の1週間**もよいでしょう。

チャレンジデーの設定の例

- 毎日
- 月に1回（1日）
- 週に1回（○曜日など）
- 2日に1回
- 土日、祭日
- 毎月○日など
- 定期テストの前1週間

チャレンジシートは、定期的に学校へ提出してもらう

チャレンジシートは、担任などに提出させ、何らかの感想を書き込んでフィードバックします。また、道徳の時間や、朝の学級活動を利用した子どもたち同士の意見交換も有効です。

チャレンジは楽しく

チャレンジ期間は、クラスの仲間の目標も意識させながら全校をあげて盛り上げると効果的です。標語やポスターなどを募集して掲示します。また、予算があれば、チャレンジの期間にのぼりや横断幕を作って学校の内外に掲げると意識の高揚に役立ちます。

個別目標は家庭で話し合って

子ども一人ひとりのチャレンジ目標を必ずつくり、チャレンジシートの目標欄にあらかじめ記入できるようにします。そのときに大事なことは、個別目標は家族みんなで話し合った上で決めてもらうということです。

チャレンジ目標は、バラエティのあるものを提案する

チャレンジ目標の例示は、「食事のときはテレビを消す」「夜9時以降、スマホは見ない」「ネットゲームは毎日しない」などから「1日中ノーメディアで過ごす」などまで難易度に幅のあるものを用意して、目標自体が進化していけるようにしておくとチャレンジ性が増します。チャレンジの結果、増やしたいものも目標に挙げておきましょう。

チャレンジ目標の例

- 食事中はテレビを消す
- メディア接触時間は1日2時間まで
- 夜9時以降はスマホをしない
- スマホを自分の部屋、寝室に持っていかない
- スマホの充電、夜間はリビングに置く
- メディア接触を減らして、増やしたいものを決める（読書、勉強、外遊び、家の手伝い、地域の活動、家族で過ごす時間など）

メディア対策は継続が大事

「アウトメディア」「ノースマホ」などのメディア対策は、1回限りの単発の取り組みでは効果は期待できません。1学期に1回、2か月に1回、そして月1回と継続して取り組むことが重要です。

そしてモチベーションを継続するためにも半年か1年ごとにメディア接触などの実態調査を定期的に実施し、データに基づいて短期目標、中期目標を検証します。その際、メディア接触を減らしている子どもたちが何をしているかに留意し、地域社会や学校の新たな課題を見出すことにつなぐことが重要です。

地域の掲示板や回覧板などに、チャレンジニュースを張り出したり、教育委員会や議会に取り組みの報告をしたりするのもよいでしょう。

また、地元新聞社をはじめ、マスコミなどにも取り組みや成果をアピールし、取り上げてもらうとより効果的です。

メディア接触時間実態調査　参考例

子どもとメディアについてのアンケート

学年（　　　年）男・女 ＿＿＿＿＿＿＿＿＿＿＿＿＿＿
↑○をつけてください

＊見本のように１日の活動内容を書きこんでみてください。
＊本人が記入できない場合は、聞き取りながら保護者の方がご記入ください。
＊メディアとは…スマホ、テレビ、電子ゲーム（携帯《けいたい》ゲーム機《き》をふくむ）、タブレット、インターネットなど
＊生活とは…食事、すいみん、遊び（どんな遊びか具体的に）、学校、勉強、習い事など

◎見本

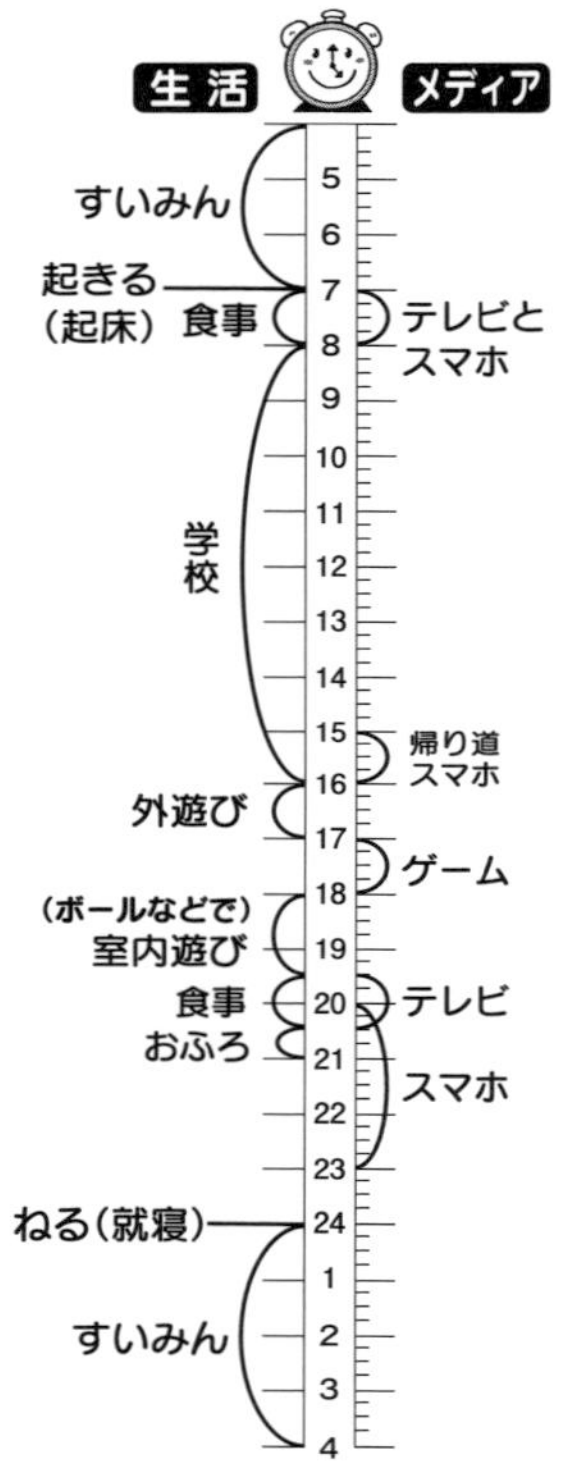

＊次の質問に答えてください。
①あなたは自分専用のスマホをもっていますか？
（ある・ない）
②あなたは１日に何回ぐらいメールやLINEをしますか？
（　　回）

○平日　年　月　日　曜日

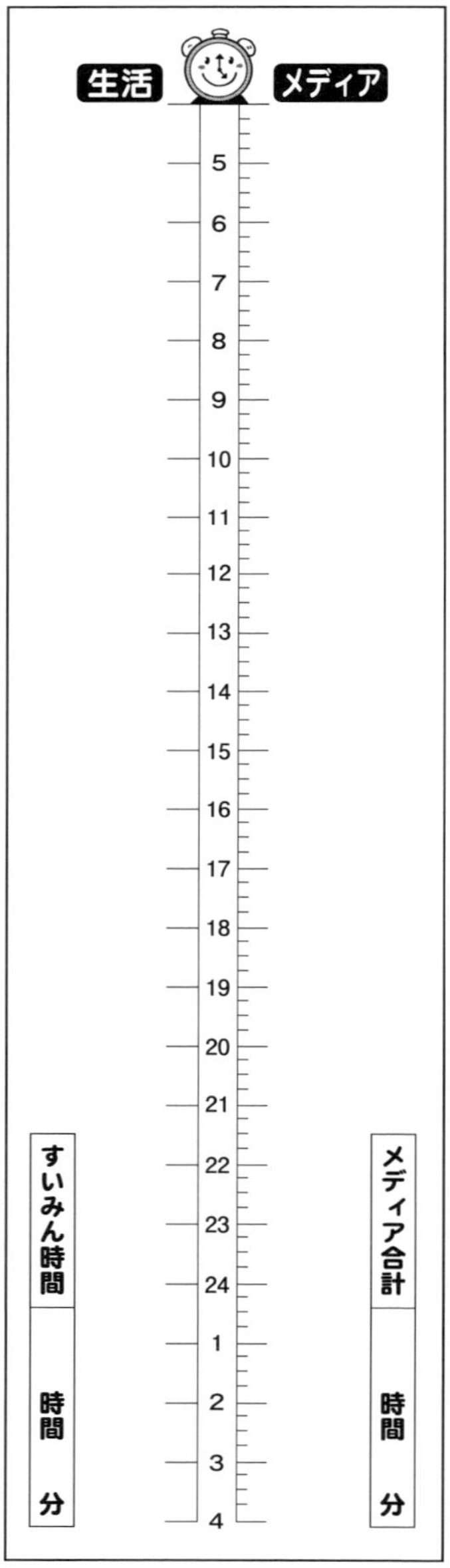

○休日　年　月　日　曜日

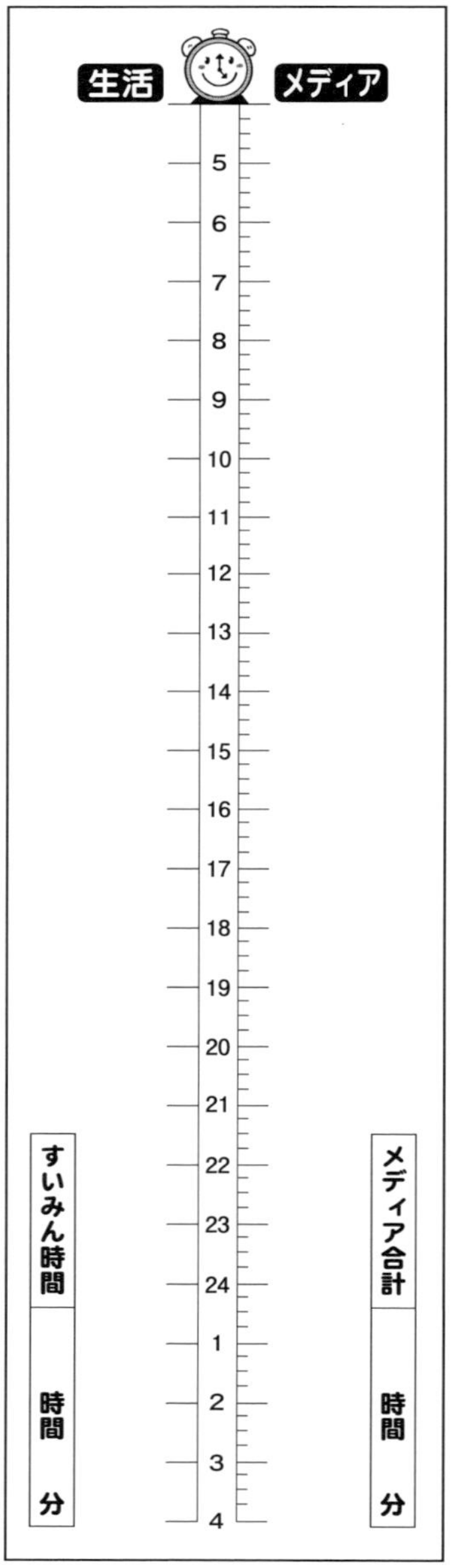

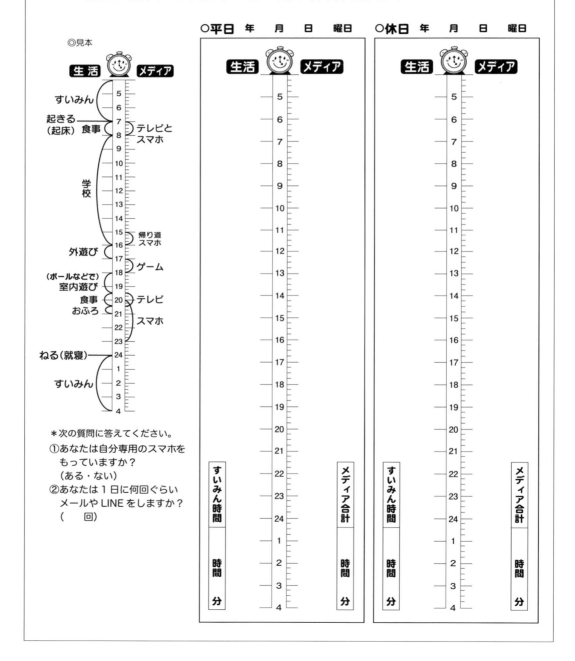

アウトメディアチャレンジシート　参考例2

アウトメディアチャレンジシート

組　名前

下のコースから、家族で話し合ってチャレンジしましょう。

チャレンジメニュー	チャレンジデー	参加者
A　食事中はテレビを消し、スマホも使わない。	H 毎日	L 家族みんなで
B　夜9時以降はテレビを消す、スマホもしない。	I 週に1日	M 親子で
C　テレビ、ゲームは1日2時間までにする。	J 月に1日	N 子どもだけで
D　テレビ、ゲームは1日1時間までにする。	K その他（　　）	O その他（　　　　）
E　1日中テレビを見ない。スマホもしない。		
F　その他（　　　　　　　　　　）		

メニューは□で、チャレンジデーは□で、参加者は□で行います。

＊チャレンジを成功させるための工夫（行動目標）

＊このチャレンジで、あなたの時間や活動（過ごし方）はどう変わりましたか？
増えたことに○、減ったことに × をしてください。

□ 外遊び・運動の時間（屋外での活動）　□ 読書の時間　□ 勉強の時間
□ テレビを見る時間　□ スマホの時間　□ タブレットの時間
□ 電子ゲームの時間　□ インターネットをする時間　□ 家族との会話
□ 寝る時間　□ 食事の時間　□ その他（　　　　　　の時間）

＊チャレンジ後の感想

＊おうちの方からひとこと

チャレンジ後、　日までに　　　　に提出してください。

※このページはコピーしてご活用ください

スマホ・メディア、子どもに関わる困りごと 24例のQ&A

子どものスマホ使用について、家庭、園、学校での疑問や悩みはつきません。ここでは実際に現場で、どのように対応、アドバイスをすればよいかの参考にしてください。

?Q&A! 家庭編

Q1

両親ともに働いているため、ゲームを買い与えました。友達と遊びに行くこともなく、家でずっとゲームをしているようです。保護者としては、けがの心配もないですし、安心ですが、やはりよくないのでしょうか？

A1

ゲームがなかったら…と考えてみたことはありますか？ 友達の家に遊びに行く、公園に遊びに行く、宿題などで自宅学習をする、忙しい保護者のために何かお手伝いをする、漫画を読む、テレビをみる、好きなことをする（これで趣味を見つけることができます）、ぼーっとしている（この時間も子どもには必要です）、縄跳びの練習をするなどいろいろなことができるはずです。ゲームはそういうことで自分の時間を過ごす方法を学ぶ機会を奪ってしまっています。

両親が不在で子どもはゲームだけというのは、依存症への入り口になります。子どもが依存症になったら、仕事どころではなくなります。現在のご両親の仕事の仕方を見直す、休日の使い方を見直す。現在の子どもの睡眠時間、友達関係、学力などを総合的にみて、これからどうするかを考えてみた方がいいと思います。ケガの心配がないとお考えのようですが、ずっと家に閉じ込めておいては子どもの心もからだも、もちろんケガを防ぐ防衛体力も育ちません。

（内海）

Q2

ネットや電子ゲームばかりすることの害はわかりますが、YouTube でアニメの動画などを見せるのもよくないのでしょうか？

A2

まず、視力をはじめとする目の働きへの弊害があります。

テレビは1メートル以上離れて見るように推奨されています。スマホやタブレットも小さい画面を至近距離で見るので、目への影響はより深刻です。また、動画を見ている時間が長くなると、からだを動かして実際に体験する時間と機会を失うことになります。内容の吟味はゲームよりはしやすいと思いますが、小さな画面で長時間、1人で見せることはゲームと同じ注意が必要です。

TVも含めて電子映像メディアへの接触は、1日2時間以内、夜寝る前には避ける、そして特に幼児期は一緒に見るということを原則にしましょう。

（内海）

Q3

スマホアプリで学力や知能が上がるのでしょうか？

A3

東北大学の脳科学者 川島隆太教授の研究では、スマホを長時間使えば使うほど学力は下がることが明らかになっています。九九や計算など、スマホアプリで同じことを繰り返し経験すれば、動物の訓練と同じで習熟度は上がります。しかし、これは〝学力が上がる〟ことではありません。人間の子どもは、犬やアシカとは違うのです。

人間の子どもの想像力や感性は機械的な訓練では決して育ちません。多様な人と触れ合い、多様な体験をし、多様な書物を読んだりして、脳も感性も言葉も育っていくのです。スマホアプリに頼る子育ては危険です。

（清川）

Q4

小学校２年生の子どもが、公園に行っても友達と電子ゲームばかりするので心配しています。

A 4

電子ゲームは子どもたちにとって魅力的に作られています。そして友達のみんながゲームをやっている、そのこと自体がゲームを始めるきっかけになっています。

長時間させない工夫として、例えば自分の家で友達とゲームをする時間と場所を提供する、その上で30分から1時間たったら、外で遊んでおいでとか、トランプ、盤ゲームなどのほかの遊びに誘う、おやつや食事を一緒に食べておしゃべりをする機会をつくるなどの大人の工夫が必要です。

そして、ゲームをやめなさいと一方的に頭ごなしにいうのではなく、どんなゲームなのかを親自身が興味を持って、子どもたちに説明してもらうなどの関わりもおすすめします。

休日には家族で外出（サイクリング、公園、動物園など）したり、家のお手伝いをさせたりして、家族全員で電子メディアから離れる時間をつくって過ごしてみましょう。

（内海）

どんなお手伝いをすればいいの？

- 一緒にカレーを作る、餃子を包む、おやつを作るなどの料理
- 風呂洗い、窓拭き、水まき
- 買い物リストを一緒に作って買い物に出かける
- １か月に1度家の中の片付けの日を決めて片付ける

など家事、生活に参加させる

Q5

家族のライングループを作ったら、会話がとてもはずみます。これもいけないのでしょうか？

A5

それはよかったですね。普段それぞれの家族が忙しくしている中、連絡を取り合ったり簡単な会話ができたりするLINEは、一緒にいないときには便利だと思います。しかし、盛り上がる会話をわざわざLINEでする必要があるのかどうかも、考えてみましょう。また、同じ家の中にいるのに、LINEでやりとりということにはなっていないでしょうか。家族で顔を合わせて、表情や身振りなどのある普通の会話が減っていませんか？　家族の会話があまりなかったがLINEを使ったら意思疎通が良くなったような気がするというのは、家族関係を振り返るいいチャンスだと思います。忙しいかもしれませんが、LINEを使わずに会話をする時間を増やしてみてください。また、逆に今、家族の会話が弾んでいるご家庭では、LINEを利用することで従来の会話が減らないように注意しましょう。

（内海）

Q6

SNSに夢中になっている中学校2年生の生徒が心配です。どのように対応していけばよいのでしょうか？

A6

何にどのくらいハマっているのかがわかりません。「夢中」という言葉から推察すると、ゲーム、コミュニケーションサイト、映像視聴などのどれかか、全部かでしょうか。

対応は極めて常識的なことに尽きます。使用しているものがスマホだとして、使用時間数、時間帯、使用ソフトを把握して、日常生活に負の影響を及ぼしているものを確認する作業が第一段階です。課金や使用料金も実情を聞き出しましょう。

食事や睡眠はちゃんととれているか、成績が下がっていないか、友人関係に変化はないかなどをチェックして、本人と話してみてはいかがですか。何が楽しくてSNSなのか？　現実生活（学校や親子関係）のどこがつまらないのか？　高校進学なども含めて将来の夢なども話し合えると脱出の方向が見えるかもしれません。

（清川）

Q7

スマホの使いすぎで病気になることはありますか？

A7

あります。スマホで何をするかにもよりますが、小中学生の場合、最もよくやるのはスマホゲームですが、ゲームをやり過ぎるとＷＨＯ（世界保健機関）が最近精神疾患の一つとして認定した「ゲーム障害」になります。ゲーム中毒になって日常生活に支障をきたす病気です。

また、スマホでＳＮＳを楽しんでも、深夜まで長時間に及ぶようになると依存症になったり、学力が下がったり、目が悪くなったりします。病気とまでは言えませんが、体力や運動能力の低下などの不調も起こります。

（清川）

起こりやすい主な体の不調

Q8

授乳中はスマホをしないほうがいいと聞きますが、赤ちゃんは目を閉じています。そのタイミングでの使用は大丈夫ではないのですか？

A8

授乳中に赤ちゃんが、トロトロまどろんで見えることがありますね。でも実は、赤ちゃんは飲んでいる間に目をつぶっても時々目をあけて授乳してくれている人の目を見ています。これをアイコンタクトと呼び、親子の愛着形成に必要なことです。授乳している人も、赤ちゃんを抱っこしながら、いつもより早く飲む・飲まない・飲むスピードが遅い、眠そうだ、ご機嫌がいいかなど赤ちゃんを観察しながら、意味のある言葉を持たない赤ちゃんからの情報を得ています。しかも、授乳期はたったの１年です。ちょっと我慢して子育てを楽しんでください。スマホの画面より、わが子を見て欲しいのです。スマホは便利な面もありますが、赤ちゃんが寝ている時間に、必要なときだけ使うようにしましょう。

（内海）

Q9

子どもが漢字や単語を調べるときは、いつもスマホを使っています。心配です。

A9

スマホで調べるインターネット情報は、間違いやインチキが多く含まれているのをご存知ですか？　しかも、その誤りに誰も責任を持たないのです。

加えて、電子画面で見た情報は紙面の情報に比べて頭に残りにくく、数日後に同じことを再び検索するなどということがよくあります。

こうした諸々の理由から毎年何十名も東大に入る超有名な進学校では、生徒のスマホの利用を一切禁止しています。〝勉強のため〟だったらスマホではなく紙の辞書や事典がおすすめです。一度親子でどちらが楽しいかを試してみてはいかがでしょうか。

（清川）

Q10

デジタル絵本で読み聞かせは楽ですが、続けてもいいのでしょうか？

A10

絵本は、読み手が聞き手に対して優しく語りかけ、一緒に過ごす時間や空間を自然に作り出します。その時間は「絵本を読む」だけではなく「分かち合う」時間だからです。そもそも絵本は、絵を頼りに理解を深めるために利用され、言葉を持たない赤ちゃん、文字を読めない乳幼児への物や物語の理解の助けになり、かつ、人が読んで聞かせてくれる、聞いた子どもも反応するというようなやりとりも、子どもの認知機能や心を育んでいるのです。デジタル絵本には、従来の絵本の読み聞かせの良さをしのぐものは見当たりません。むしろ、赤ちゃんや幼児がひとりぼっちで見せられる道具として利用される可能性があります。視力への悪影響も否定できません。操作の面白さに子どもが心を奪われ、物語に没頭できていないという報告もあります。利用する側も十分注意が必要だと思います。

（内海）

Q11

ネット依存やゲーム障害などについてもっと勉強したいと思います。いろいろな本が出版されているのでどれを読んでいいのかわかりません。

A11

確かに、ネット依存に関連した本はたくさんありますね。スマホやネットを使うことによって子どもの育ちにどんな影響が出るのかについて、適切な情報を教えてくれる本はそう多くはありません。

包丁の使い方を教えずに子どもに包丁を持たせますか？ 包丁を持たせる前には、適切な使い方を教えた上で使わせるのが当然ですね。

スマホを子どもに持たせるなら、あるいは自分が使っている場合も含めて、落とし穴を知っておくべきです。参考になる本を挙げておきますので目を通されると良いでしょう。

（内海）

- スマホが学力を破壊する
  川島隆太 著　集英社新書
- ネット依存症
  樋口進 著　PHP 新書
- インターネット・ゲーム依存症
  岡田尊司 著　文春新書
- ネットいじめ
  荻上チキ 著　PHP 新書
- ネット私刑
  安田浩一 著　扶桑社新書
- 人生を棒に振るスマホ・ネットトラブル
  久保田裕・小梶さとみ 著　双葉社
- ネットでやって良いこと悪いこと
  佐藤佳弘 著　源
- ネットに奪われる子どもたち
  清川輝基・古野陽一・山田眞理子 著
  少年写真新聞社

Q12

子どもが小学校卒業と同時にスマホを欲しがります。学校が違ってもクラスの仲間同士でつながっていようという約束があるようです。

A12

小学校時代のクラス仲間と連絡を取り合いたいということですが、
1、何のために 2、どれくらいの頻度で 3、家電話やペアレンタルコントロールをしたガラケー、キッズケータイではダメなのか 4、お金（通信料金）はどうするか などを、親子でじっくりと話し合ってみましょう。厳しいようですが、お子さんを本当に愛していらっしゃるなら、せめて中学時代は買い与えてはいけません。与えたら最後、よいことは何も起こらずに悪いことが次々に起こって、親子で苦しむことになります。

学力は低下し、生活リズムは滅茶苦茶になり、さまざまなネットトラブルに巻き込まれる……。浅はかな考えで買い与えたことを後悔している親は無数にいます。中学校1年生でネットにつながるスマホを与えることは危険です。親はもっと毅然とした態度で子どもの育ちと子どもの未来を守ってください。

（清川）

Q13

高2女子です。インスタやブログを書く友人がいます。「みてよ!」「いいね、ちょーだい」と促されます。

A13

自分に理解できないことや、興味のないことに誘われたときに、いろいろな対応の仕方があると思います。1つは、断る、2つ目は理解しようとしてみる、3つ目は、話だけ合わせる。この場合、インスタやブログを閲覧していなければ3つ目の対応は取れませんので、断るか、誘いに乗ることになります。断るとき、相手の気分を損なうのではと、自分の気持ちを抑えて相手に合わせることはストレスになりますね。相手も自分の気持ちも尊重しながら、それでも素直に自分の気持ちを表現することも大事です。友人だからといって、すべての興味や関心が合う訳ではないのはお互い様。インスタやブログに限らず、友人のやっていることには耳を傾けつつ、私はその分野は苦手であるとか、関心がないとか明確に相手に伝えても構いません。人は人、私は私という境界を持つことは、多くの他者と生きていくためには大事なことだと思います。

（内海）

Q14

ゲーム、スマホなどのネット接続機器を欲しがるままに買い与えてしまい、親がネット依存にしてしまった気がします。

A14

ゲーム、スマホが登場してから、その弊害がわからないまま与えてしまったために、そのように悩んでしまった保護者の方は少なくありません。クリスマスプレゼントや誕生日プレゼント、入学祝いなどで簡単に祖父母や親戚から安易にゲーム機などを与えられたことがきっかけで、中毒になってしまう例も多いのです。親の対応で、子どもの心やからだに被害が生じたら「虐待」と呼ばれます。お子さんの年齢や現在どんな依存状態になっているのかはわかりませんが、親が子どもの人生をダメにする典型的なケースの可能性もあります。出来るだけ早く専門家のいる医療機関か相談機関に行ってみてください。傷が深くならないうちに。年齢が低ければ低いほど回復の可能性は高くなります。

今からでも間に合う状況なら、心を鬼にして親の管理権（使用場所・時間、充電器の置き場所など）を行使してはいかがでしょうか。

（清川）

Q15

部屋にひきこもっている高校1年生の息子の様子をのぞいたら、ヘッドホンをして大きな声で笑ったり、1人でお喋りしたりしていました。

A15

息子さんはどれくらいの期間ひきこもっているのでしょうか？そのきっかけは、何だったのでしょうか？現在は、食事や入浴などの日常生活はどのような状態でしょうか？昼夜逆転になっていませんか？

そして、ひきこもりを誰かに相談していますか？まずは学校の先生に相談してみてください。お子さんと家族との関係が切れていなくて、会話が成立しているのであれば、何をしていたのかを聞いてみてください。また、気分のよさそうなときに、高校を退学するのか、それとも続けるのか、気持ちを確かめてはいかがでしょうか。その上で、今一番やりたいこと、5年後、10年後の自分をどんなふうにイメージしているか、などをじっくり話し合ってみることです。

会話も成立しないのであれば、家族だけで解決しないで専門の相談機関に行くことをおすすめします。

（清川）

Q16

ネットにはまり、複数のアドレスやハンドルネームを使って、様々な人物になりきりながらゲームをしています。将来が不安です。

A16

お子さんは中学生なのでしょうか？朝夕の食事は、家族と一緒にきちんと摂れていますか？ 夜は11時ごろまでに寝ていますか？ 学校には毎日ちゃんと行けていますか？

もし、こうしたことが出来ていなければ、将来どころか、現在も心配です。ゲームを始めるとなかなか中断できない、本来やるべきことを放り出してゲームに夢中、といった状態だと、もう立派な「ゲーム中毒」です。「ゲーム中毒」は、2018年6月にWHO（国際保健機関）が精神疾患のひとつとして、「ゲーム障害」と認定して、国際的に病気として扱われることになりました。

「ゲーム中毒」に陥ると、学力低下はもちろん、注意した親への殺傷事件につながったり、30、40歳になってもひきこもってまともな社会生活が送れなかったりと、悲惨な将来につながりかねません。早目に専門機関を受診することをおすすめします。

「ゲーム中毒」予備群の状態でも、学力低下や視力悪化、体力低下は避けられません。「ゲーム障害」は国際的に〝予防に勝る治療なし〟といわれています。お子さんと一度、5年後、10年後のことを話し合ってみてはいかがでしょうか？

（清川）

様々なハンドルネームを持って過ごしている今の姿は、その子の日常生活からの脱出願望の表れなので、頭ごなしに否定したり正論をいったりすることは逆効果です。やめられない、生活に支障が出ているほど使用しているなど、ネット依存の疑いがあるなら、家族だけで解決しようとせずに第三者（教師、教育相談、保健師、ネット依存専門外来のある医療機関等）に相談しましょう。睡眠や食事など、生活リズムに影響がないのであれば、子どものやっていることに興味を持ってお子さんといろいろ話してみてはどうでしょうか？

（内海）

Q17

電子ゲームなどの使用時間を家族で決めましたが、時間を守れません。

A17

使用時間の約束が守れなかった場合にどうするのか、約束をしておけばよかったですね。

小学生ならば、約束を守れない場合、強制的に取り上げる、やめさせるという親の管理が必要です。その代わり、その時間を親が何らかの方法で、かつ子どもが楽しめるように埋める必要が出てきます。一緒に過ごす時間の確保など、充実した手応えのある生活をさせることです。そういう時間が積み重なれば、電子ゲームなどをしなくても「一人で過ごせる自分」に育っていくと思います。

中学生くらいになると、親の思い通りにはなかなかなりません。「ゲームをやめなさい」とだけいうのも感心しません。お子さんの楽しみや困っていること、話したいことに耳を傾けるための時間も必要だと思います。そして約束の作り直し、費やしている時間を客観的にわかるようにする（1日、何時間やると1か月で何時間、1年で何時間とか）、高校に行くのか行かないのか、5年後はどうなっていたいかなどの話し合いも必要でしょう。話し合いにならない、暴力を振るうなどのことがあれば家族内での解決は無理です。専門家への相談をおすすめします。

（内海）

電子ゲームばかりに時間をとらせないために…

家の中では家事などのお手伝い、キャッチボール、トランプ、盤ゲームなど、電子ゲームの代わりになる遊びをさせる。屋外では、図書館や美術館に行く、地域のイベントに参加する、また、水泳やサッカー、算盤、絵画教室などの習い事をさせる。友達と過ごす時間を増やす（自宅に呼び、ゲームなしの時間を工夫する）とよい。

Q18

中学校2年生の息子が長時間、深夜まで動画を見ています。今までと様子も少し違っていて、あまり話をしなくなりました。

A18

どんな動画を見ているのかがわかりませんが、「深夜まで」とか「寡黙になる」というのは黄信号、要注意の状態でしょう。

中学校2年生男子というお子さんの年齢・性別から推察すると、ハマっているのは暴力的な動画か、性的な動画だと思われます。いずれにせよ、深夜まで孤独にそういう世界に浸っているとロクなことにはなりません。

暴力的な映像、残虐な映像、破壊的なシーンに快感を感じたり刺激を受けたりし続けると、他者を傷つけることに鈍感になったり、生命を奪う、奪われることに無感覚になったりします。さらにそうしたシーンに快感を覚えるようになると、自分でも現実にそうしたことを体験したくなったりもします。その対象は〝自分より弱いもの〟、幼児や女性、近所で飼われているニワトリやウサギなどになるのです。

性的な動画の場合も見るだけで興奮して楽しんだり、マスターベーションしている間は他人への害はないのですが、映像で見た行為を現実化したくなる衝動が起きると厄介です。往々にしてその対象は近所の幼女になったりするのです。

息子さんには、バーチャルな世界だけでなく、体を動かす快感や仲間と過ごす時間の楽しさを知る機会をつくってあげてみてください。

（清川）

動画に限らず、中学生が深夜に起きていることは望ましくありません。いずれ、朝起きられなくなり、遅刻・欠席・不登校へとつながる可能性が大きいです。使用時間の制限をする、使用の最後の時間を夜の10時として12時には寝ているようにするなど、決めた方がよいでしょう。お子さんとネット使用に関することだけでなく、学校のこと、家族のこと、好きなこと、将来のことなどの会話を増やし、一緒に映画やスポーツを見に行く、散歩やサイクリング、旅行など、リアルな体験を過ごす時間を確保することも大事です。朝起きられないなどの支障が出てきたら、早めに医療機関に相談することをおすすめします。

（内海）

Q19

電子ゲームのし過ぎで発達障害になりますか？

A19

テレビの見過ぎやゲームのし過ぎで発達障害と同じような状態をもたらすケースは過去にも報告されています。それが、本来の発達障害なのか、テレビやゲームで極端な環境に置かれたための一時的な影響なのかは、丁寧な生育歴の聞き取り、診察、観察をしてみなければわかりません。

小学生までは、近くの小児科などに、中学生以上の場合は、思春期外来や精神科、心療内科などの専門医に相談してみてください。

（清川）

発達障害は生まれつきの発達の凸凹という特性を持ち、社会生活に支障をきたしている場合につけられている病名です。言葉が遅い、落ち着きがない、衝動性が高い、視線が合わない、コミュニケーションがうまくいかない、こだわりが強い、読み書きが苦手など、いろいろな特性の組み合わせがあって子ども一人ひとり違います。

ゲームやテレビなどの電子映像メディアに乳幼児期から長時間接触していると、発達する機会が奪われるため、言葉が遅れる、社会性が身につかない、落ち着きがないなど、発達障害の特性を表すことがあります。

発達障害の有無に関わらず、どの子どもも発達していくためには、睡眠の時間と質の確保、自分のからだを使った体験を多くさせること、人と関わる時間を確保することなどが重要なのです。

いわゆる「ちょっと気になる子どもたち」の中には、電子映像メディア接触時間を制限し、発達環境を整えることで改善する子どもたちが少なからずいます。さらに、発達障害があった場合、特に多動傾向のある子どもや、コミュニケーションがうまく取れない子どもたちはゲームにはまりやすく、依存状態になるリスクが高いこともわかっています。

（内海）

Q20

「どうしてみんな“いいね”が欲しいの?」と生徒にたずねられました。なんて答えていいのかわかりません。

A20

人はみんな他人からほめられたり、評価されたりするとうれしくなる生き物です。特に幼い頃から家庭でほめられた経験が少なかったり、学校生活で評価されることがあまりなかったりした子ほどネット上での〝いいね〟を欲しがります。だから〝いいね〟欲しさに、無理をしたりウソや作り物の投稿をしたりしてしまいます。

本音かどうかもわからずどこの誰かもわからないネット上の〝いいね〟よりも、現実生活でほめられたり評価されたりする〝いいね〟の方がずっと心地よいことを伝えてあげてください。（清川）

脳の中には「報酬系」というシステムがあります。何か心地よいことが起きたときに活性化して「快感」を感じるのです。この報酬系は食べるなど人が生きていく上で絶対必要なものや、お金などの物、何かを達成したとき、人にほめられたり自分は特別な存在だと感じたりすることなどで活性化します。

「いいね」といわれれば、自分に共感や関心を抱いてくれる他者がいることを確認できますし、「いいね」が多ければより注目されていると感じるので気持ちがいいのです。報酬系を活性化するものにアルコールやタバコ、薬物、ゲームやギャンブルもあります。

子どもたちが、成長発達するためにもこの報酬系を活性化することは役に立ちます。簡単にいえば、ご褒美がもらえると人は頑張ったり努力したりする性質があるということです。しかし、ご褒美が簡単に手に入れば、人は努力せずに簡単な方法をとるでしょう。ちょっとした話題やインスタ映えするものをネットで公開すれば「いいね」と人から承認される報酬が簡単に手に入るので報酬系が快感を感じるのです。そして、簡単な方法を取った方が楽なので、依存しやすくなるのです。（内海）

Q21

中学校の養護教諭です。「動画を見るのがやめられない」と保健室に生徒が相談に来ました、どのように話をすればよいのでしょうか。

A21

まず、相談しに来たことに対し「よく相談しに来てくれたね」といってあげましょう。相談しに来たということは、このままではいけないという問題意識があってなんとかしたいと考えているからです。見るのがやめられないで困っていることや、どんな動画を見ていて、どれほどの時間を費やしているかを生活時間の表を書いて客観視させる、ほかに何かしたいことはあるのか、動画を見ないで何をしたいのかなど、気持ちを聴いてあげてください。

どうすれば動画を見ないで済むか、一緒に話し合ってもいいでしょう。例えば、平日は保健室で預かる、一時期でもいいから解約してしまうなど。しばらくは毎日来させて、どう過ごせたか話を聞くことも有効だと思います。

動画自体の面白さにハマっている場合もありますし、動画を見て時間を過ごさざるをえない状況（勉強がわからない、部活がきつい、家庭での居場所がないなど）が背景にある場合もあります。とにかく、子どもの話をよく聴いて、やめられない理由を聞き出し、やめる方法を一緒に、模索してください。（内海）

この生徒は、養護教諭との信頼関係がきちんと確保されていると思われます。その信頼関係を大切にして、このまま深夜までの動画視聴で不登校に陥ったり、依存症になってしまったりすることをなんとか防ぎたいものです。その生徒の自己制御力（自分をコントロールする力）を引き出しながら、先生との関係を維持しつつ個別対応の典型的な例をつくってみてはいかがでしょうか。その際に他の生徒への対応の参考にできるように、課題や経過を職員室で担任やほかの教師と共有することも大事なことです。

（清川）

Q22

小学校教諭です。小学校6年生の児童で、インスタグラマー、ユーチューバー、e-スポーツの選手になりたいといって、ネットやゲームをやめない子どもがいます。

A22

かつては、子どもが博士になりたい、大臣になりたい、といっていた時代もありました。消防士、新幹線の運転士、宇宙飛行士になりたい子が増えた時代もありました。子どもたちの憧れの職業は時代を反映するものですね。問題は、ネットやゲームに6年生で夢中になっていて、そうした職業につけるかどうかです。クラスのみんなで手分けして、インスタグラマー、ユーチューバー、e-スポーツの選手になるにはどうすればよいのか、どんな勉強が必要なのかを調べてみてはどうでしょうか？　今、そんな仕事をしている人に手紙やメールで質問してみるのもいいかもしれません。

筆者は中学校一年生のとき、マラソン選手になりたくてローマオリンピックの日本代表のマラソン選手に「どんな練習をすればいいですか？」と手紙を書いたことがあります。返事が来て、ワクワクして開封したら「今は走らないで色んな遊びをいっぱいしてください」と書いてありました。機会があれば、子どもたちにＷＨＯ（世界保健機関）が認定した「ゲーム障害」について調べさせるのもいいかもしれません。

（清川）

子どもの憧れる職業は、メディアに多く登場するものがいつの時代も上位にきます。話題になっているドラマの主人公の職業などもそうです。楽しくて高収入になる、注目を浴びるなど子どもたちが魅力的に思うのも無理はないのです。しかし、どの仕事もそれで生計を立てていくのは、それなりの努力が必要であることを子どもたちは知りません。小学生ならどのような職業への希望も膨らませていい時期ですので、どうなったら叶えられるか一緒に勉強して考えてやる存在であることが求められます。この過程の中で、今しなければいけないことをわからせることができるのです。それが、ネットやゲームの時間制限の必要性や生活リズムが大事だということを自覚させることにつながります。小学生は夢を膨らませる時期、中学生や高校生は現実の自分と憧れの将来を擦り合わせていく時期です。

（内海）

Q23

お迎えのときに、子どもをベビーカーに乗せスマホを持たせて帰る保護者がいます。声をかけたいのですが、言葉がみつかりません。

A23

基本は、子どもを中心にして、何でも話せる関係を築くことが大事です。自分が伝えたいことを相手に不快な思いをさせずに明確に表現するのは難しいとは思いますが、相手が不快に思うかどうかは相手の問題でもあるのです。

個別には伝えなくても、保護者会などで赤ちゃんと同じものを見て話すことが赤ちゃんの言葉や認知、心の発達に必要なことを説明して、その上でスマホの使い方の注意を促すのもいいと思います。共同注意とか言葉の発達などに関しては、保育の専門家は乳幼児の発達に関してのプロですから、自信を持って保護者に伝えてください。

また、個別に注意するのであれば、直接にやめてもらう表現をするより、その子どもが気に入っている手作りのおもちゃを渡して、「これで遊びながらお家に帰ってね」と赤ちゃんに話しかけてみてはどうでしょうか。あるいは、帰り道に一緒に見て欲しい花でも咲いていれば、「あそこにこんなお花が咲いているので一緒に見て帰ってくださいね」と自然にスマホを渡さない行動が取れるような促しをしてみてはどうでしょう。

（内海）

“ベビーカーでスマホを持たせている”ということから考えると、自宅でも長時間使わせている可能性もありますね。子どもの育ちの専門家として、こうした子育ての状況の問題点をきちんと親に伝える責任があります。

乳幼児期の子どもに、長時間スマホの画面を見せることの危険性を大至急保護者会などで園長から周知してください。目の発達を歪めること、脳の発達にも影響があるという研究結果が出ていること、依存症になるリスクがあること、などを園だよりで広報することも大事です。こうした啓発をしたうえで、それでもなお、子どもに長時間スマホを見せることは一部では「虐待」とさえいわれているので、こうした啓発を根気よく続けてください。

（清川）

Q24

保育士です。スマホを使いこなす子どもを過大評価している保護者がいます。日常の園生活では少し乱暴で、保護者の関わりが少ないのでは？ と感じることがあります。どのように声かけをしたらよいのか、わかりません。

A24

まず、保育園での子どもの様子から、子どもの発達の段階・特性をアセスメントすることが大事です。友達との関わり方、からだの動かし方など、ほかのことはどうなのでしょうか？ 個別性はあるにしても通常、何歳だったらこんなことができる、ここまでできるという発達の目安があります。その子どもの発達の目標、気になる行動や乱暴なことを、スマホとは分けて保護者の方と関わってみたらどうでしょうか。保護者の関わり方が少ないと感じていられるようでしたら、「保育園でこういう風に関わるとこの子は嬉しそうだ」とか、ポジティブな面を保護者に伝えてみるのがいいと思います。少しでもご家庭でできることをしてきたら、その変化を認めて、さらに励ましてください。

スマホの問題や電子映像メディアの弊害に関する新聞記事や、本書も含め関連図書の記述の一部を、園内に掲示したり、お便りなどを使ってさりげなく啓発したりすることや、保護者向けの講演会の開催などもおすすめします。

（内海）

スマホを持たせるときの親の心得

スマホが欲しいと言われたら、話し合いをします

原則子どもに（中学卒業くらいまでは）スマホは必要ないという考えで、持たせないようにします。どうしても必要なのかなどを話し合います。中学、高校生にも持たせる場合には、使用目的を明確にして何でも使えるスマホにしないようにします。

話し合うこと

・どうして必要なのか
・何がしたいのか
　電話、メール、ネット

もし持たせるなら
対策1　使い方のルールを決めておく

親がスマホを管理し、使い方、時間、利用料金の範囲など、持たせる前にあらかじめルールを決めておきます。決めたルールが守れなかったときには、スマホを解約することも決めておきます。

もし持たせるなら
対策2　スマホで何ができるのか親自身も理解しておく

持たせた機種で何ができるのかを把握しておきます。
時間制限のできる機種、機能も利用します。

もし持たせるなら
対策3　スマホの機能は必要最低限とし、フィルタリングサービスなどを必ず利用する

スマホの機種、機能をよく選んで持たせ、アプリの使用制限、フィルタリングサービスなども必ずつけます。

もし持たせるなら
対策4　利用の仕方を子どもに定期的に確認する

どのような使い方をしているのか、SNSやネットの利用はどのくらいなのかを定期的に確認します。また、携帯会社から履歴リストを取り寄せるのもよいでしょう。

もし持たせるなら
対策５

依存症にならないように注意する

SNSなどのやりとりが目立つとき、肌身離さずいつも持っているとき、お風呂やトイレにまで持ち込んでいるとき、深夜遅くまで使っているようなときには、子どもと話し合って使い方を見直します。
話し合いがうまくいかないときには、専門家に相談します。

子どもがスマホがらみのトラブルを抱えていないかを日頃から気にかけるようにします

スマホによるトラブル早期発見のサイン

・スマホを片時も離さない
・スマホを頻繁にチェックしている
・睡眠不足になっている
・食欲が落ちた
・表情が暗い、ふさぎ込んでいる
・会話が減ってきた
・落ち着きがなくなってきた
・イライラしている、口調がキツい
・元気がない
・成績が落ちてきた
・学校に行きたがらなくなった
・からだの不調を訴えることが増えた

など

早期発見のポイントは、子どもの様子が「いつもと違う！」ということです。上に示したサイン以外にも、妙に明るく振る舞っている、はしゃいでいる、ひょうきんになったなどの変化も要注意です。

気になる様子があったら、親子で話し合って問題を解決する努力が必要です（原因を追求したり、頭ごなしに叱責することはせず、問題解決を最優先にしましょう）。解決できないときは、専門家に相談するなど早めに手を打たないと回復は困難です。

電子ゲームをさせるときの親の心得

オンラインゲームはさせない

オンラインゲーム（ネットゲーム）は、学力低下につながり、依存性が高いので、させないようにします。

もし持たせるなら
対策1

毎日はさせない

毎日することで習慣となります。週末だけなど、予定を立てて使いましょう。

もし持たせるなら
対策2

子どもと話し合って時間などのルールを決める

ゲームの遊び方について、子どもとよく話し合って細かいルールを決めておきます（小学校低学年であれば親がルールを提案して守らせるのもよいでしょう）。

もし持たせるなら
対策3

子どもがどんな内容のゲームをやっているのかを知っておく

子どもがゲームをやっているときに同席したり、一緒にやったりしてみます。そして、子どもにはさせたくないという内容であれば、その思いを伝え、やめさせます。電子ゲームは日々進化し、生々しいリアルな画像のものが増えています。暴力シーン（殺人シーンなども含む）が多いものは、そういったものに慣れてしまったり、心的外傷となったりすることがありますので使わせないようにします。

注意すること

ゲーム依存になっている場合には…

ゲーム中に話しかけても気づかない、無視をする、四六時中ゲームを離さない場合や、性格が変わってしまった、ゲームの影響による言動や行動が見られたときには、専門家に相談します。ゲーム依存症は、WHOが国際的に『ゲーム障害』という病気と認定しました。

もし持たせるなら
対策4

決めたルールを守れなかったときにはゲームを取り上げる

ルールをつくったら、そのルールは必ず守ることを毅然とした態度で貫きます。ルールが守れなかったら、何日間はさせない、守れないときが何回かあったら、高いゲーム機でも捨てる覚悟も持っておきます。

もし持たせるなら
対策5

長時間ゲームをすることでからだに様々な影響が出てくることを伝えておく

長時間ゲームを続けていると、目の疲れ、頭痛、視力低下につながり、運動不足になるなどからだへの悪影響があることを理解させます。

もし持たせるなら
対策6

ゲームより楽しいことをする

外遊びやスポーツをして一緒に過ごす、家族で盤ゲームや会話を楽しむなど、ゲームばかりに夢中になってしまう時間をつくらせないようにします。

もし持たせるなら
対策7

リビングなど、親の目の届く場所でゲームをさせる

ゲームの内容を把握することや、決めた時間内で遊ばせるためにも、ゲーム機、充電器はリビングなど家族がそろう部屋に置き、子ども部屋、トイレなどに持ち込んでやらないように管理します。

もし持たせるなら
対策8

ゲーム機、ソフトを買い与えるときにはルールなどの再確認を

新しくゲーム機、ソフトを買うときには、内容を選ぶだけではなく、遊ぶときのルールなども、再度子どもと確認します。また、買ったことによって問題が起きたときの対応も話し合っておきます。

もし持たせるなら
対策9

機種選びも考えて購入する

機種によって使用時間のコントロールができます。そういった機種を選ぶこともよいでしょう。

テレビ、タブレット、DVDを見せるときの親の心得

対策1　家族で話し合ってルールを決める

見る時間、番組、目的などを家族で話し合ってルールを決めます。

対策2　テレビを時計代わりにしない

朝起きたときや、帰宅後すぐにスイッチを入れるなど、時計代わりにつけないようにします。

対策3　置く場所を考える

見ている内容を親が把握するために、子どもが1人、もしくは子ども同士で見続けないためにも家族がそろう部屋に置き、子ども部屋には置かないようにします。

対策4　テレビなどに大切な時間を奪われないようにする

ながら視聴をしないこと、そしてどうしても見たいテレビ番組があるときには、録画機能を利用して必要なものだけを見るようにします。テレビに大切な時間をとられない生活を意識して工夫します。

対策5　テレビなどは消して家のお手伝いに加わらせる

子どもは大人のやっていることに興味を持ったり、同じことをしたがったりします。その気持ちを大事にしてお手伝いに参加させましょう。

対策6　親子の会話を楽しむ

テレビを消すと、家族一緒に過ごす時間も増えます。家族で今日のできごとや近々の予定、困っていること、さらには将来の夢についてなどいろいろなことを話してみます。

対策7　楽しいリアルな体験と時間を子どもに提供する

晴れている日には、積極的に外遊びをさせたりスポーツをしたり、読み聞かせやお絵描きをするなど、テレビやタブレットの視聴よりも楽しい遊びを一緒にします。

対策8　テレビ、タブレットをベビーシッターとして利用しない

家事ができないから、自分の時間を確保したいからという親自身の事情でテレビ、タブレットを見せるのはやめます。

対策9　隠したりコンセントを抜く

2～3歳くらいまでだったら、テレビやタブレットにカバーをする（布や紙などで覆って隠す）、移動させる、リモコンの電池を抜く、コンセントを抜くなど、手軽に利用できない環境をつくります。

対策10　親自身がテレビ、タブレットの利用の仕方を考える

見る時間、見る番組を決めること、そして得た情報の信頼性などを確かめることなど、親自身もテレビなどの利用について定期的に見直します。

スマートフォン 親子で話そう 使い方のルール

持つ場合のルール 1
スマホを何に使うか目的を決める

スマホが必要となる目的、何に使うか、本当に必要なのか、使用アプリなどの目的を決める。

持つ場合のルール 2
スマホ、ネットトラブルについて親子で勉強してから使う

スマホやネットを使うことで起こるトラブルを知り、基本的には電話機能として使うこと、通話以外の使い方、メール、インターネットなどはどんなときに利用するのかなどを決めます。また、スマホを使っていい場所、いけない場所の確認をしてマナーも守るように約束します。

持つ場合のルール 3
使用する時間帯、場所を決めておく

メールやインターネットなどを使っていると、時間を忘れてしまいがちです。1日のうちに使用する時間帯などをあらかじめ決めて、約束します。

持つ場合のルール 4
生活リズムを乱さない

食事中や入浴中、しなければいけないことがあるときには使わない。寝る時間に布団の中などで使わない、生活リズムを乱さないようにします。

持つ場合のルール 5
困ったことが起きたら相談する

使い方を間違えたりすることで、トラブルに巻き込まれることがあります。知らない人からのメールが来たときや高額な金銭を請求されたなどで困ったときには、1人で悩まないで、親や先生など、大人の人に相談します。

スマホ・ネット トラブルの注意点

迷惑メールやチェーンメール、知らない人から届いたメールは消す

すぐに削除します。友だちなどに転送するのもやめます。内容によっては犯罪に関わってしまうこともあるので注意します。

また、返信すると自分のメールアドレスを伝えることになるので注意します。

出会い系サイトやあやしいサイトに注意する

絶対に、アクセスしません。無料と書いてあるサイトでも、高額な料金を請求される場合があります。もし、開いてもすぐに閉じます。危ないサイトは見ないこと、絶対におもしろ半分で名前や住所、電話番号、アドレス、プライベートな情報などを登録しないようにします。

ネット上に写真や動画をアップしない

一度ネット上にアップした写真は、すぐに拡散されます。また、アップされている写真や動画を自分勝手な判断で使うことのないようにしましょう。

個人情報を教えない

名前や年齢、生年月日、住所、電話番号、家族構成などの個人情報を聞かれても教えてはいけません。自分だけではなく友だちや知人のことも絶対に教えないようにします。

ネット上で知り合った人を信用しない

ネット上では、名前はもちろん、住所、年齢、性別などを適当に登録して楽しんでいる人がいます。ネット上で知り合った人を信用しないこと、会わないことを約束します。

思いのままに書き込みをしたり、変な書き込みはしない

スマホの向こうには、同じ人間がいます。

自分が書かれていやなこと、いわれたら傷つくような書き込みはしないように注意します。読んだ相手の気持ちを考えた行動をしましょう。

電子ゲーム　親子で話そう　使い方のルール

ルール 1　毎日使わない

毎日使うと習慣になります。
使う日を決めて遊びます。
どんな内容のゲームをするのかも話しておきましょう。
また、オンライン（ネット）ゲームは依存症になりやすいのでやりません。

ルール 2　使用時間を決める

1日のうち生活時間（すいみん、学校、食事など）とからだへの影響を考えて、使用時間を決めます。寝る時間を先に決めておき、2時間前にはやめましょう。

ルール 3　場所を選んで使用する

食事中やトイレの中、歩きながら、乗り物の中などではやらないようにします。目が悪くなります。

ルール 4　暗い場所、明るすぎる場所で使わない

暗い部屋や明るさが一定ではない電車などの乗り物、布団の中などでは使いません。

ルール 5　おうちの人にいわないで勝手に買ったり、友達と交換をしたりしない

買うときには、おうちの人に相談します。ダウンロードや課金など、お金がかかるときはおうちの人に相談します。

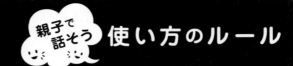

ルール
6

ゲームを自分の部屋に持ち込んで1人で使わない

部屋に持ち込んで1人で遊ぶと時間を忘れてだらだらと遊んでしまいます。
おうちの人が一緒にいる部屋で使うようにします。

ルール
7

ゲームをしない、持っていない友だちを仲間はずれにしない

同じゲームを持っていない、遊んだことがないからなどの理由で友だちを仲間はずれにしたり、悪口をいったりするのはやめます。

ルール
8

決めたルールが守れなかったときには、大人の人にゲーム機を預かってもらいます

おうちの人と決めたルールが守れなかったときには、ゲーム機やソフトを一定期間大人の人（おうちの人や先生など）に預かってもらいます。

電子ゲームより楽しい遊びをしよう！

屋外でからだを動かす遊びやスポーツ、読書や工作、絵を描くなど、想像力を高めたり、草花や昆虫の観察などで新しい発見をするのも楽しいことです。電子ゲームで遊ぶだけではなくいろいろなことをしましょう。

テレビ・タブレット　親子で話そう　使い方のルール

ルール 1　時間を制限する

睡眠時間、食事、風呂などの生活時間、遊びの時間を除いた時間を考えれば、1日2時間以内の利用がよいでしょう。そして、3歳になるまではなるべく控えます。

ルール 2　目的を持って見る

オン・オフを明確にして、見る番組を選びます。見る必要のない番組をだらだらつけないで見たい番組を選び、見終わったら消すという習慣をつけます。

ルール 3　家族（親子）で一緒に見る

家族で見ている内容について話し合うなど、会話をしながら見ます。

ルール 4　食事中は消す

食事中にテレビを消すことで、食べ物を味わい、ゆったりと食事ができて、食べることに集中できます。そして家族での会話も増えてよいことがたくさんあります。

ルール 5　明るい部屋で見る

画面から出る強い光は目や脳に刺激を与えますので、明るい部屋で見るようにします。

ルール 6　テレビなどの情報をそのまま信じないように伝える

テレビなどからの情報、出演者の発言には間違いや事実と違うことがあること、出演者自身の考え方であることなどを伝え、聞いたことや見たことをそのまま信じたり、受け入れたりしないように約束します。

第6章

スマホ社会と子どもの未来

第6章

スマホ社会と子どもの未来

日本の子どもたちの体力・運動能力は、ピークだった1985年を大きく下回り、視力も史上最悪レベルとなっています。そして若年層の死亡原因のトップが自殺という世界に例のない状態です。2017年には自殺者の総数は大きく減少しているにもかかわらず、青少年の自殺者は逆に増えています。また、小中学校の不登校の子どもも史上最多レベルとなっています。加えて、中高校生の病的なネット依存が7人に1人、93万人にも上ることも明らかになりました（2018・8 厚生労働省研究班）。

日本の子どもたちの心身の〝劣化〟は、1980年代以降、電子映像メディアの広がりと共に徐々に進行してきました。そして今、スマホが小学生にも広がり、乳幼児にもスマホ・タブレットが与えられるようになって、子どもたちの〝劣化〟はより多様に、より深刻な状況になっているのです。

こうした子どもの〝劣化〟とその背景にある社会の〝変質〟を、手をこまねいて座視していてよいのでしょうか。

この章では、今私たちが取り組むべき課題のいくつかを提案することにします。

1 問われる厚生労働省・文部科学省の対応 ～WHO「ゲーム障害」疾病認定を受けて～

スマホなどのゲームのやり過ぎで日常生活に支障をきたす「ゲーム依存症」や「ゲーム中毒」が「ゲーム障害」としてWHO（世界保健機関）から精神疾患の一種として認定されることになりました。2019年5月のWHO総会で正式決定となります。

この決定を受けて、日本政府も今後「ゲーム障害」を精神疾患、つまり精神的な病気として認定し、緊急に様々な対策を実施しなければなりません。本書でも指摘したように、厚生労働省も文部科学省もこれまで子どもたちのゲーム中毒に関しての実態調査を一度も実施することなく「無為無策」を決め込んできました。その態度を根本的に改め、緊急に以下のことに取り組む必要があります。

病的なインターネット依存が疑われる生徒の割合

		2012年	2017年
中学生	男子	4.4%	10.6%
	女子	7.7%	14.3%
高校生	男子	7.6%	13.2%
	女子	11.2%	18.9%

出典：「平成29年度　飲酒や喫煙等の実態調査と生活習慣病予防のための減酒の効果的な介入方法の開発に関する研究　厚生労働省研究班」

まず、厚生労働省。

日本でも「ゲーム障害」が正式に精神疾患として認定されると、厚生労働省が緊急に対応しなければならないのが次のような課題です。

①「ゲーム障害」の診断基準作りを急げ

診断、治療、予防、相談、調査など「ゲーム障害」に関するあらゆる対応にまず必要になるのが診断、調査のための基準作りです。

ネット中毒対策先進国の韓国で政府が最初に行ったのは、ネット中毒の診断尺度の作成と全国的な実態調査でした。2002年から尺度作りに着手し、2004年に最初の全国調査が行われ、ネット中毒が疑われる人の割合は、成人で8.9％ 青少年では20.3％にのぼることが判明したのです。

韓国に遅れること15年！ 緊急にわが国の実情に見合った診断調査尺度の作成が求められています。

② まずは実態調査を

ネット依存症についての調査は、中高校生を対象にした八項目二択式という極めて簡易なものがあるだけです。(2013・2018 厚生労働省研究班)。正確な実態把握、治療や予防の対策づくりのためには、さらに精緻な調査が必要不可欠です。

今回疾病認定されたのは「ゲーム障害」だけですが、その周辺には膨大な「ネット依存症候群」がいます。そうした子どもや若者も視野に入れた「ゲーム障害・予備群」の実態把握も不可欠です。さらにスマホの普及で実態調査の対象年齢も、幼児から小学生、中高校生、そして大学生と幅広いものにする必要があります。

韓国では2011年から成人、青少年に加えて3~9歳の実態調査も始めているのです(韓国のネット中毒対策については拙著『ネットに奪われる子どもたち』少年写真新聞社刊 第5章参照)。

③ 人材育成が急務

「ゲーム障害」や「ネット依存症」の治療や予防、相談体制の構築のためには、そうしたことに対応できる人材育成が急務です。大学医学部などの医学教育の場に「ゲーム障害」「ネット依存症」に関する講座を設けたり、カウンセラーや保健師、養護教諭の研修のテーマとして採り入れることを推進するのも、厚生労働省の重要な役割でしょう。

韓国では、ネット中毒対策が始まった2003年からの10年間に、ネット中毒の相談、診断、心理療法に携わる「ネット中毒専門相談士」が4000人以上養成され、全国160か所を超える相談センターで活動が展開されています。

わが国ではそうした相談を受ける専門家の養成は手付かずですし、治療にあたる医療機関も、国立病院機構久里浜医療センターなどごく限られています。WHOの疾病認定を受けて厚生労働省の責任は極めて重大だといえましょう。

④ 全国各地に「ゲーム障害」「ネット依存症」の相談センターを

先述したように、2013年8月厚生労働省の研究班は、中高校生の8・1％51万8000人がネット依存状態と発表しましたが、その子たちがどうすればよいのか、どこへ相談すればよいのかについては何も語りませんでした。ネット依存症、ゲーム中毒について国の無策が続いた5年後の2018年8月の発表では案の定、中高校生の病的依存状態の数はほぼ倍増してしまったのです。今や、全国各地には「ゲーム障害」や「ネット依存症」と思われる症状に苦しむ子どもや若者、そしてその家族が数多くいるのは確実です。

ネット社会がここまで進んだ現在、「ゲーム障害」の疾病認定を機に、せめて各都道府県や政令指定都市には大人(親)や若者・子どもたちが「ネット依存症」を含めて相談できる専門家のいる組織を設置することが緊急の課題でしょう。

そうした相談センターが各地の予防啓発活動の中核となることも期待したいものです。

次は文部科学省です。

現在、小中学校の不登校が史上最多レベルとなっていることはすでに述べました。その不登校は多くの場合、ゲーム中毒やネット依存と深く関係しています。ゲームやネットにはまって、生活リズムが乱れ、朝起きられなくなったり、昼夜逆転して不登校、ひきこもりとなったりする、というケースがひとつ。学校の授業や部活で嫌なことがあったり、教師や指導者や先輩から叱責されたり、体調不良をきっかけに、学校を欠席し、家にいてヒマを持て余してゲームやネットにハマり、欠席が長期化して本格的不登校へというもうひとつのケース。原因なのか、結果なのかは別として、不登校とゲーム中毒、ネット依存が深く関係しているのは明白です。しかし、文部科学省はこれまで不登校とゲーム中毒、ネット依存の関係を本格的に調査研

不登校児童生徒数の推移
(1,000人当たりの不登校児童生徒数)

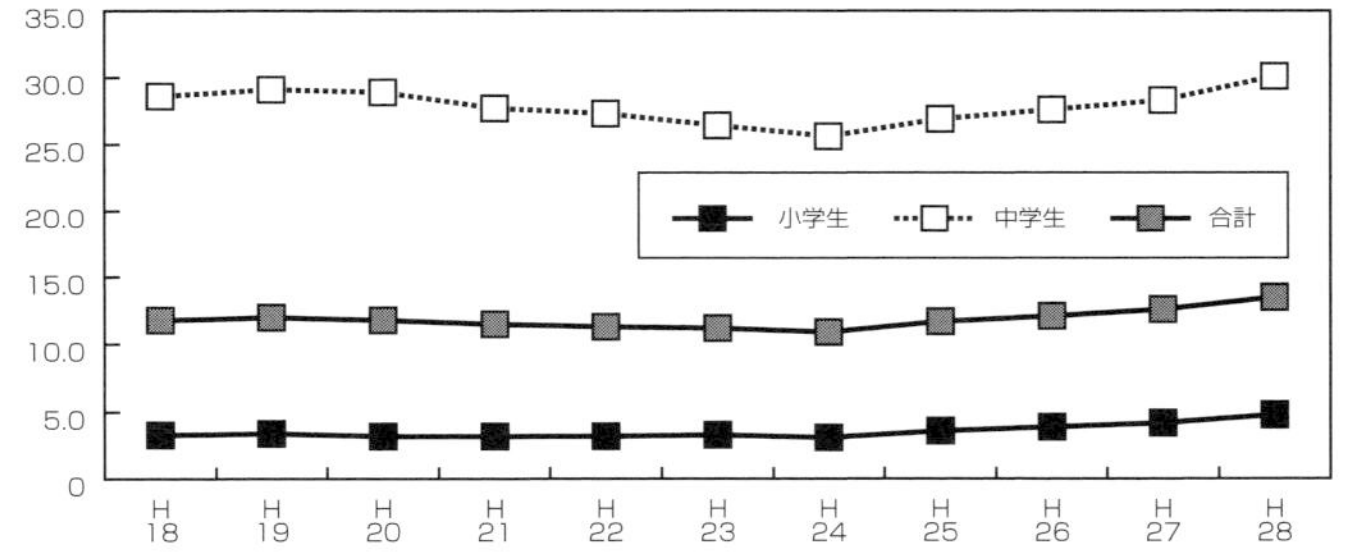

出典：「平成28年度 児童・生徒の問題行動・不登校等生徒指導上の諸問題に関する調査」文部科学省

究したこともなく、そうした視点での対策を打ち出したことはありませんでした。

加えて第1章で指摘したように、ゲーム中毒やスマホ依存が学力低下と深く関係していることも明白になっています。

そして今回の「ゲーム障害」の精神疾患としての国際的認定です。前述したように厚生労働省研究班の簡易な調査でも、中高校生のネット依存が激増しているのです。これ以上、文部科学省が「ゲーム障害」と「ネット依存症」の問題に目をつぶり、逃げ回ることは許されなくなりました。

2012年2月、私たちNPO子どもとメディアと日本小児科医会は、日韓共同フォーラム「メディア中毒からの脱出」を企画し、文部科学省に協力を要請したことがありました。まさに、ゲーム中毒とネット依存をテーマにした国内初のフォーラムでしたが、文部科学省の対応はヒドイものでした。「韓国独特の問題で日本の子どもには関係ない」「そういう問題に対応する部署がない」……、複数の課の幹部の言葉に呆れ返ったことを覚えています。

文部科学省が今すぐ取り組まなければならないのは、幼稚園・保育園、小学校、中学校、高等学校、大学など全ての教育現場での「ゲーム障害」予防活動と、子どもはもちろん親や教師への啓発です。

子どもたちを「ゲーム障害」から守り、学力低下を防ぎ、不登校の減少につながる具体的な課題をあげておきましょう。

①学校教育の場に「ゲーム障害」「ネット依存症」から子どもを守る予防・啓発の場（時間）を設定する

②これまで文部科学省が推進してきた「情報モラル教育」を根本的に転換し、「ゲーム障害」「ネット依存症」の予防啓発のための新たなカリキュラム、テキストを作成する

③教職員に対する研修をすみやかに実施し、早期の予防啓発教育の開始を目指す

④「ゲーム障害」「ネット依存症」と不登校・ひきこもり、学力低下との関係を明らかにする調査・研究を実施して学校現場に結果をフィードバックする

⑤ネット社会の進展に伴って進行している子どもの心身の「劣化」。青少年の自殺の増加や自己肯定感の低さ、史上最悪レベルの視力の悪化、1985年のピークから大幅に低下している50メートル走やソフトボール投げなどの運動能力……、これらとネット接触との関係を調査・研究し、ネット社会における子どもの育ちを保障する知見を明らかにする

2　ネット社会から子どもを守る独自の規制を

改めていうまでもないことですが、ネットの世界には闇と無法、誘惑の世界が広がっています。ネットの情報はウソやデタラメ、誇張も多く、犯罪集団オウムや国際過激派組織イスラミックステート（ＩＳ）のリクルート（人集め）にも使われています。性的な欲望や詐欺などの獲物を探す男や女が目を凝らしているのもネットの世界です。

そんな世界に今、幼児・小中学生、高校生がいつでもアクセスできるのが現代社会です。スマホ、タブレットを乳幼児期から高齢者までが手にする時代になって、改めてその危うさと子どもと大人のダブルスタンダード（二重規準）の必要性を強調したいと思います。

その第一の理由は、発達期の子どもへの物理的な影響を極力避けるのは大人の責任だということです。タバコ、お酒を子どもに禁じているのと全く同じように、スマホやタブレットを乳幼児や小中学生に使わせるのは、目や脳、手足の筋肉が順当に発達するのを妨げるばかりか、言葉の発達や親子の愛着形成、社会的コミュニケーション能力の獲得にもマイナスに作用するからです。タバコやお酒を〝少しだけ、ちょっとだけならいいでしょう〟とわが子に吸わせたり飲ませたりするバカな親はいないハズです。〝いずれ嗜むんだから早いうちに……〟などという親はもちろん論外です。自分のやっていることが、子どもの「発達権」や「学習権」を犯す〝虐待〟だということを自覚しておく必要があります。

大人と子どものダブルスタンダードの例

- 飲酒
- 喫煙
- クルマ、オートバイなどの運転
- 風俗店への出入り
- パチンコなどのギャンブル
- 映画、DVD、演劇、雑誌などの鑑賞、閲覧
- （選挙権）
- 乳幼児が着用、使用する肌着、食器、玩具への規制
- 薬の量

第二の理由は、子どもをネット社会の様々な被害から守るのも大人の責任だということです。

前述したネット社会の闇に向き合い適切に対応するには、一定レベルの判断力、想像力、そして社会的、経済的、法的な責任能力が必要です。最近、選挙権は18歳から付与されることにはなりましたが、社会的な責任能力は高校生以下、とりわけ中学生以下の子どもは、まだ未熟で成人と同じには扱えないというのが日本人の大人社会の共通認識です。スマホやタブレットを使ってのネット社会へのアクセスも、物理的には大人と同様に可能ですが、その行動の幼さは数多くの危険を招きかねないのです。

こうした2つの理由から、子どものスマホ、タブレット利用には、大人とは異なる独自の規制と規準が必要ではないのでしょうか。

2018年1月に開催された第9回『子どもとメディア全国フォーラム：スマホ社会と子どもの育ち』でも、下記のような政府への「緊急提言」が採択されました。子どもたちを守るために、子どものネット機器利用に関する法的規制を急ぐ必要があるでしょう。

子どもと電子メディアに関する緊急提言

スマートフォン（以下スマホ）、タブレット等の電子メディアの急激な普及は、わが国の子どもの育ちに重大な影響を与えています。

本フォーラムでは、それらへの乳幼児期からの早期接触、青年期までの長時間接触が、子どもの心身の発達（脳、目、運動器、睡眠、言語、愛着形成など）の異変や遅れ、およびネット依存などにつながることが明らかになりました。これらは、子ども自身の未来を歪めるばかりか、わが国の未来にとっても座視出来ないレベルとなっています。

私たちフォーラム参加者は2日間の討議を踏まえて、子どもの健康と日本の未来のために関係省庁（内閣府、厚生労働省、文部科学省、経済産業省、総務省、消費者庁）および関係企業に以下の三項目を緊急提言することとします。

1．乳幼児期からの子どもの心身の発達に対する電子メディアの影響に関する調査を緊急に実施し、発達段階に応じた電子メディア使用の安全基準を速やかに策定し周知をはかること。

2．児童生徒のスマホ・タブレット、ゲーム機などへの接触、依存などの実態を把握して心身の発達や健康との関連を明らかにし、その結果を保育・教育現場に活かすこと。また、薬物やタバコに関する有害性の教育と同様、電子メディアについてもその有害性についての教育・啓発を学校教育の必須事項に位置づけること。

3．スマホ・タブレット、ゲーム機などを製造・販売する企業に対して、たばこの警告に準じて危険可能性を周知する注意喚起文として、「発達や健康への影響が懸念されています」「発達や健康への安全性は確認されていません」等を商品に表記することを義務づけること。

2018年1月28日

第9回子どもとメディア全国フォーラム

NPO法人子どもとメディア

3 各地の「子どもとメディア対策」に足りないもの

ケータイやゲーム機、スマホ、タブレットと、子どもたちが接触する電子メディアは多様化し、接触する時間も長くなりました。それに伴って学校現場では、文部科学省が推進する「情報モラル教育」では対応出来ず、様々なネットトラブルの対応に追われています。その実情は第2章で触れましたので、ここでは各地の教育委員会や小中学校で取り組まれている「子どもとメディア対策」に欠落している部分をいくつか指摘しておくことにします。

① メディア対策の視野を乳幼児とその親にまで広げよう

スマホの普及で、乳幼児期からの長時間接触が始まっています。子どもの「劣化」を防ぎ、発達を保障するためには、乳幼児の親に対するメディア対策の啓発が重要です。都道府県の実態調査でも、乳幼児にまで対象を広げたものはほとんどありませんが、〝スマホ中毒〟の幼児の例も出始めています。「ゲーム障害」や「ネット依存症」を予防し、子どもの育ちを守る啓発活動が必要なのです。

② 子どもの「発達権」と「学習権」の保障を対策の基本的な視点に

各地の教育委員会が発行するメディア対策のパンフレットやリーフレットは、「ネットの正しい使い方」「ネットの安全な使い方」「ネットトラブルに巻き込まれないために」「ネットトラブル集」といったものがほとんどです。

つまり、スマホやタブレットを使うことが前提で、中には「スマホは便利で楽しいもの」と使用を勧めるようなものさえあります。

小中学生のスマホ利用実態で最も多いのは「ゲームをする」です。スマホが「ゲーム障害」の入り口になっているのです。ところが、教育委員会のパンフレットは前述の通り、「ゲーム障害」はもちろん、不登校との関係や学力低下に関しては全くといっていいほど触れられていません。

啓発パンフレットや、啓発講演会の最大で最重要な視点は、「子どもたちがゲームやスマホに膨大な時間を費やすことによって、人間として成長するための様々な体験、学習機会、睡眠などが奪われてしまっている。それをどう確保するか」、つまり子どもたちの心身の育ち、「発達権」と子どもたちの学び、「学習権」をどう守るのかということにつきます。学力低下や不登校とゲームやスマホとの関わりに目をつぶることは許されないのです。

③ 正確な実態把握が不可欠

対策が的外れにならないためには、子どもたちのメディア接触の実態をより正確に把握する必要があります。

特に、接触時間が平日の3～4倍となることが多い休日の実態、自宅での使用場所や充電器の場所、どんなアプリを多用しているか、親の管理の実態、そして子どもの接触時間帯などを具体的に把握した上で効果的な対策を打ち出す必要があるのです。

「あなたは普段ゲームやスマホをどれくらいしていますか?」アンケート調査でよく見かけるこうした大ざっぱな質問は、全く無意味であることを認識して欲しいと思います。

効果的に実態を把握するための調査内容

調査対象： 子ども（可能な限り乳幼児も対象とする）

メディア機器の種類： スマホ、タブレット、ゲーム機

使用について：

- **目的：**何を使っているのか、何に使っているのか
- **時間：**それぞれの使用時間数
- **主な使用場所：**リビング、自分の部屋、寝室、学校、通学路
- **時間帯：**朝起きてすぐ、通学途中、食事中、深夜など
- **充電器の置き場所：**リビング、自分の部屋、寝室
- **親の管理の実態：**時間、場所、内容、使用料金で制限しているのか
- **トラブルの有無：**その内容

（※平日、休日両方を調べる）

④関連業者依存からの脱却を

学校現場の教職員はメディアについての研修を受けたことがなく、子どもや親に対する研修や講演会で講師などつとめられない人が大半です。そのため、子どもたちや親に対してメディア問題の講師を依頼されているのが、スマホやITなどの業界関係者か業者から研究費や広報費などの名目で資金提供を受けている人々です。「賢い使い方」「安全な使い方」というタイトルでの話は、販売促進活動以外の何物でもありません。

子どもの発達について全く学んだこともない業界関係者がまがいものの啓発活動をしている現状はとても危険です。「ゲーム障害」がＷＨＯによって精神疾患と認定された今、こうした業者依存の研修や講習からの脱却は急務です。

⑤独自の「メディア安全指導員」の養成を

業者に頼らないとすれば独自に養成するしかありません。前述したように韓国では、国が「ネット中毒専門相談士」を養成しましたが、わが国ですぐにそうした施策が打ち出されるかは疑問です。しかし、ネット社会の進展を見据えて、すでに独自の施策を始めた県もあります。

福岡県では私たちＮＰＯ法人子どもとメディアが養成した「メディアインストラクター」を県費で県内すべての小中高校に派遣して、メディアに関しての授業を行う取り組みが２００９年から実施されています。宮崎県や長崎県でも県独自に、心や体の発達とメディアとの関係を学んだ「メディア安全指導員」が養成されて県内各地の学校で活動しています。

こうした動きは、北海道、青森、群馬、埼玉、島根でも始まっており、今後の広がりを期待したいものです。

4 企業の社会的責任を問う

これまでもゲームをめぐって親子の凄惨な事件が起き、ゲーム中毒で不登校になってしまう子どもが少なくないことが問題になるたびに、子どもたちを虜にしてしまうプログラムのあり方やゲーム中の高額なアイテムの是非が社会的な議論を巻き起こしてきました。しかし、結局のところ「使う側の自己責任」としてゲーム機やゲームソフトを製造販売して利益をあげている企業の責任が問われることはありませんでした。

筆者はかつて朝日新聞の紙面上で、業界団体の専務理事とゲームが子どもに及ぼす影響について紙面対決したことがありますが、そのときの業界を代表したその専務理事の発言は、驚くべきものでした。曰く「ゲーム中毒になったりするのは全利用者のわずか3%に過ぎない。取るに足りないこと」というのです。仮に1000万人の青少年がゲームをしていたとすると、30万人が「ゲーム障害」になっても取るに足りないとは!

さすがに、最近はこんな暴論は聞かれなくなりました。むしろ反対にゲーム関連企業の内部でも、ゲーム障害を懸念して株主から声が上がって、一定時間ゲームをしていると自動的に電源オフになるような機能がついた機器の開発が進んでいるという話も伝わってきます。WHO効果とでも言えるのでしょうか。

しかし、第1章で指摘したように、ゲーム機であれスマホであれ、成長期の子どもにとってゲームに費やす時間が長くなればなるほど、目、脳、運動機能などへのダメージは避けられません。ゲーム機やゲームソフトで大きな利益をあげている企業が子どもたちの「劣化」を防ぐために何らかの〝製造者責任〟を果たす段階にきているのではないでしょうか。

5「わたしの子ども」から「わたしたちの子どもたちへ」
～子育ちの自然性・子育ての共同性をもう一度～

子育ちの自然性

有史以来、子どもが育つ環境は、長い間そう大きくは変化しない状態で推移してきました。

近所の野山、川、原っぱ、そして神社やお寺の境内……子どもたちはそうした自然の中で仲間とともに、自由になる時間のほとんどを過ごしていました。

様々な生き物に出会いながら、生命の神秘やはかなさを感じたり、季節の移ろいのなかで霜柱や草木の芽吹きに目をとめ、夕焼けの空につい見とれてしまうといった体験を重ねながら、感性を育み、科学的な探求心を育てていたのです。

そして、子どもの心臓や肺、筋肉を最も効果的に発達させるのは、緊張と弛緩の繰り返しと言われます。子どもの世界での緊張と弛緩の繰り返しということですぐ思い浮かぶのは鬼ごっこ、かくれんぼ、缶蹴りといった自然の中の集団遊びです。全力で追いかけ、全力で逃げる。捕まえられたりするとフッと力を抜く。原っぱや境内で展開されるこうした集団遊びの中で、子どもたちは一生を生き抜くための心臓や肺の機能をレベルアップさせ、からだを支える足の働きも含めて筋肉の力を獲得していました。

からだの発達だけではありません。子どもの人格発達、人間らしい心を育む前頭葉を発達させるためにも、からだとからだがぶつかるような自然の中の集団遊びが極めて重要だといわれています。

子ども一人が育つには村中の人が必要

そしてもう一つが、〝子育ての共同性〟です。「子ども一人が育つには村中の人が必要」（アフリカの諺）という〝子育ての共同性〟は、古今東西を問わず、天から授かった〝子宝〟を共同体の後継者として育てる上での大原則でした。子どもたちは幼少期から、地域社会の多くの人々と触れ合う中で、言葉の力や生活文化、生きるためのワザ（技）を身につけ、その心とからだとを育まれてきました。

「親はなくとも子は育つ」「世間様に育ててもらう」といった言葉で、わが国の先人もそのことの大切さを語り伝えています。

子どもたちが自然の中で過ごすことで〝人間になってい〝く〟という子育ちの「自然性」、そして地域社会の中で〝人間になっていく〟という子育ての「共同性」。わたしたち人類は何万年もの間、こうした子育ち、子育ての原則を脈々と受け継ぎながら生命をつないできました。

その大原則を大きく揺るがせ始めたのが現代文明社会です。

わが国でも1960年代以降、経済構造が一次産業から二次産業、三次産業へと比重が変わっていくと共に、大きな人口流動化が起こり、地域社会が次第に変化していきました。土地に根差した暮らしが消えると共に「子育ての共同性」も消え始めたのです。そして、原っぱや雑木林なども開発されて工場や住宅が建ち、小川は埋められ、大きな川は〝遊泳禁止〟〝立入禁止〟とされて、子どもたちは地域の自然から次第に遠ざけられていきました

子育ちの「自然性」の退行が始まったのです。

1978年10月、筆者は子どものからだの発達の全国調査を実施し、その結果に基づいてNHK特集「警告‼子どものからだは蝕まれている!」を制作、放送しました。1970年代に目立ち始めた子どもたちのからだの発達の遅れや歪みを「現代文明の副作用」ととらえて警告を鳴らす番組でした。

1983年にゲーム機が発売されると、子どもたちの育ちの遅れや歪みはさらに加速しました。第1章で指摘したように、子どもたちの「劣化」がからだや心の発達両面で見られるようになったのです。携帯ゲーム機やケータイ、パソコンが子どもたちに広がって、子育ちの「自然性」も子育ての「共同性」も失われていった結果でした。

2010年からのスマホの爆発的普及は、こうした流れをさらに決定的なものにしています。乳幼児や小学生までがスマホを手にするようになって、子どもたちが自然の中で過ごす時間は極端に少なくなりました。そして大人たちにもネット依存が進み、人々のつながりが希薄になる中で、地域社会での「子育ての共同性」もほとんど見られなくなりました。

人類社会の中でとりわけ意識することはなかったけれど、連綿と受け継がれてきた「子育ちの自然性」「子育ての共同性」が、現代文明の進展の中で消え去ろうとしているのです。

生育環境の再生

そして、その結果が本書で指摘してきたような子どもの「劣化」となっています。

では、どうすれば子どもの育ち、ひいてはこの国の未来を守れるのでしょうか。

答えは単純です。子どもたちの心もからだもちゃんと育つような生育環境の再生しかありません。大人たちはこれまで社会の変化とメディア機器の氾濫に対して、ただ手をこまねくばかりでした。今後は子どもたちが人間として育つための制度を、社会システムとして新たに創設していく必要があるのです。

かつて明治時代の初期、先人たちはそれまでは寺子屋や藩校で「私費私教育」として存在していた子どもの学びの場を、「学校」という「公費公教育」の場を創設して全ての子どもに学びの場を保障する体制を整えました。それと同じように子どもたちが自然の中でさまざまな体験をし、地域社会の多様な人々と触れ合う場を制度として整備し、子どもの心身の発達を保障する場とするのです。

現在、NPOなどによって「冒険遊び場」や「プレイパーク」、「学校ビオトープ」などが設けられたり、「子ども食堂」や「通学合宿」などを地域の子どもたちのふれあいの場にしようという動きも見られます。しかし、それらはごく一部の地域に限られており、子どもの発達を保障する公的な場とはとてもいえません。

かつて長野県諏訪市では、小学校5年生が交代で3か月にわたって集団生活をし、授業もその宿舎で受けるという制度が半世紀にわたって続けられていました。また太平洋戦争の末期には、子どもたちを守るという名目で子どもを家族から引き離して田舎に疎開させるという取り組みが大々的に国の指示で行われたこともあります。今、進行中の子どもの育ちの危機を克服するため、子どもの発達を保障する新たな制度の創設を国家レベルで検討する時期に来ているのではないでしょうか。

未来の子ども達のために

50年前の1960年代、新幹線や航空機の中はタバコの煙が当り前のように漂っていました。その頃に制作された映画を見ても俳優たちの多くがタバコを手にして語り、笑うシーンが頻繁に出て来ます。

しかし、今や、そうした時代がなかったかのように、学校、病院、列車、新幹線、航空機などの公共の乗り物、建物では人々がタバコを吸う姿は全く見られなくなりました。

大人の英知で社会は変えることができるのです。

未来の子ども達のために、スマホやネット社会の様々な闇、落とし穴から子どもたちを守る取り組みが、今こそ求められています。

おわりに

新たな現代病・・・

２００３年、日本小児科医会が「子どもとメディアの問題についての提言」を出してから15年が経ちました。その間、子どもの睡眠、生活習慣病、肥満、脳科学の専門家などからもメディア漬けの弊害は訴え続けられています。私たち二人は２００９年に「メディア漬けで壊れる子どもたち」（少年写真新聞社刊）を執筆し、子どもたちのメディア接触状況と生活実態、運動能力や視力低下などの関連性を示し、メディア漬けの解決方法として各地の取り組みなどの紹介をしました。それに対し読者からは、メディア漬けが子どもに及ぼす具体的な弊害が理解できた、子どもの実態がよくわかった、具体的な対応に役に立ったなどの反響がありました。

しかし、スマートフォンが登場してから、子どもたちの電子メディアへの早期接触と長時間接触はますます進んでいます。そして、その弊害を危惧する声も大きくなりつつあります。さらに、２０１８年6月には、ＷＨＯにより「ゲーム障害」が本格的に予防、治療に取り組むべきひとつの疾患として認定されました。新たな、現代病が生まれたのです。

警鐘の広がり・・・

小児科の医療現場には「スマホばかり見ていてろくに口もきかない小学生や中学生」「赤ちゃんが泣いているのに抱っこもせずにスマホを見せる親」「スマホばかり見ていて私の話を聞いてくれない母」「SNSが気になって夜更かし、睡眠不足で朝起きられない」等々新たな現代病に関連する訴えや相談を受けることが多くなりました。

いつでもどこでも多機能で簡単に操作できるスマホやタブレットなどの魅力に取り込まれている状況が伺われます。子どもを含めて多くの人々がこうした情報機器を手放せなくなっている時代。

しかし、その一方でここ数年、様々な医療の専門分野からのメディアと子どもの問題に関する具体的な知見が注目されています。眼科医からは、ブルーライトの弊害、失明につながる強度近視を含む近視の増加、耳鼻科医からはヘッドホンの影響と思われる難聴の若年齢化、電子メディアの膨大な情報と内容が子どもの心に与える悪影響、産婦人科からは赤ちゃんの愛着形成の問題、依存症外来からは、子どもたちのネット依存の問題など、子どもの育ちとスマホ社会への警鐘が鳴らされています。

スマホ社会の子どもの育ちを守るために・・・

こうした状況を受けて、この5～6年、「スマホ社会と子どもの問題」に関する関心も高まり、各地の医師会、小中学校のPTA、幼稚園・保育園、教育委員会などから、講演の依頼も多くなりました。そうした講演の場で「子どもの育ちへの弊害は知らなかった」「子どもたちが、どんな使い方をしているのか実態をはじめて知った」「子どもの発達と、メディアとの関係について勉強になった」などの感想が寄せられます。さらに小学生や中学生自身からも「睡眠の大切さがわかった」「ネット社会の怖さがわかった」「自分の時間の使い方をよく考えてみたい」などの声が聞かれます。ＩＴ業者などによって各地で展開されている情報モラル教育という啓発では、こうした親や教師、子どもたちの切実な要望に応えられていないことは明白です。私たち二人は、こうした状況を踏まえ、子どもの学びと育ちを守るために、子育て・子育ちに必要なコツも含めて『スマホ社会の落とし穴』を執筆しました。スマホ社会の子育てに、毎日の生活に参考にしていただけると幸いです。

最後になりましたが、この本の出版にあたっては、前回の『メディア漬けで壊れる子どもたち』同様、少年写真新聞社の大石里美さんと野本雅央さんに根気よくお力添えいただきました。心よりお礼申し上げます。

山々が色づき始めた
２０１８年10月に

清川　輝基
内海　裕美

清川 輝基

NPO 子どもとメディア代表理事／
日本小児科医会「子どもとメディア委員会」特別委員

略歴：
1964 年 東京大学教育学部教育行政学科卒業。同年 NHK に入局。社会報道番組ディレクターとして「ニュースセンター９時」などを担当。19 時ニュース編集責任者、報道局次長、NHK 長野放送局長、NHK 放送文化研究所研究主幹などを歴任。その間慶應義塾大学メディア・コミュニケーション研究所講師も勤める。「子ども劇場」創立（1966）。NPO 法人チャイルドライン支援センター設立（1999）、初代代表理事。さくら国際高等学校名誉校長。

主な著書：
人間になれない子どもたち（枻出版社）、メディア漬けで壊れる子どもたち（少年写真新聞社）、ネットに奪われる子どもたち（少年写真新聞社）

内海 裕美

吉村小児科院長／
日本小児科医会理事「子どもの心・子どもとメディア担当」

略歴：
1980 年 東京女子医科大学医学部卒業。同年、東京女子医科大学小児科学教室に入局。1987 年 同教室を退局後、スウェーデン、ストックホルム市で子育てに専念。1988 年 東京女子医科大学小児科学教室研究生。東京女子医大病院、愛育病院などの外来診療に従事。1990 年 医学博士号取得。1997 年 吉村小児科（文京区）開業。地域で毎月1回子育て支援セミナーを開催したり、絵本の読み聞かせ活動をしている。

主な著書：
メディア漬けで壊れる子どもたち（少年写真新聞社）、子どもの病気百科（少年写真新聞社）、災害ストレスから子どもの心を守る本（河出書房新社）

協力
古野陽一　NPO 子どもとメディア常務理事
松島恒志　長野県松本市立菅野中学校 校長

子どもが危ない！
スマホ社会の落とし穴

2018 年 10 月 20 日　初版第 1 刷発行
2020 年 4 月 3 日　第 3 刷発行

著　者　清川 輝基・内海 裕美
発行人　松本 恒
発行所　株式会社 少年写真新聞社
〒102-8232 東京都千代田区九段南 4-7-16
市ヶ谷 KT ビル I
Tel (03) 3264-2624　Fax (03) 5276-7785
URL http://www.schoolpress.co.jp
印刷所　大日本印刷株式会社

ISBN978-4-87981-655-9 C0037

編集：大石里美　DTP：tt-unit　表紙装丁：ミヤジュンコ　イラスト：いしだ未紗　カドタアヤ　校正：松尾由紀子　編集長：野本雅央